翻转获利

丰田精实管理的实战笔记

江守智——著

中国出版集团
东方出版中心

图书在版编目（CIP）数据

翻转获利：丰田精实管理的实战笔记/ 江守智著
.－上海：东方出版中心，2020.11
ISBN 978-7-5473-1602-3

I. ① 翻⋯ Ⅱ. ① 江⋯ Ⅲ. ① 丰田汽车公司－工业企
业管理－经验 Ⅳ. ① F431.364

中国版本图书馆CIP数据核字（2020）第219413号

上海市版权局合同登记：图字09-2020-1070号

中文简体字版© 2019东方出版中心有限公司发行

本书繁体字书名为《丰田精实管理的翻转获利秘密：不浪费就是提升生产力》，
由城邦文化事业股份有限公司PCuSER电脑人出版事业部创意市集出版社授权，
同意经由中国出版集团东方出版中心，出版中文简体字版本。非经书面同意，不
得以任何形式任意重制、转载。

翻转获利：丰田精实管理的实战笔记

著　　者	江守智
责任编辑	王欢欢
封面设计	瑞芮文化

出版发行	东方出版中心
地　　址	上海市仙霞路345号
邮政编码	200336
电　　话	021-62417400
印 刷 者	杭州日报报业集团盛元印务有限公司

开　　本	890mm×1240mm　1/32
印　　张	7.625
字　　数	114千字
版　　次	2020年11月第1版
印　　次	2020年11月第1次印刷
定　　价	42.00元

管理教育中应再加强的一环

台湾政治大学名誉讲座教授　司徒达贤

"企业"是现代社会中数量最多、影响力最大的组织形式。我们的衣食住行绝大部分都由企业提供，就业机会也大部分来自企业。在市场经济体制下，每一家企业为了自身的生存发展，就必须开创自身的生存空间，也必须努力提高资源的使用效率。

企业生存不易，长期获利更难，因此需要依赖有效的管理。半个世纪以来，形形色色的管理理论与实务方法可谓风起云涌，百家争鸣。上至宏观的国际产业与政经情势预测分析，下至最细致的消费行为与员工士气，都有大量的理论学说以及实务上的建议。位居中坚的策略、组织、营销、财务、人资、资管等，当然在全球的管理教育中一直维持重要的地位。

然而在西方的管理教育或管理学术方面，观念性的内容一向比较多，数理模式与数据库的统计分析更是显学，甚至在教学上，"个案研讨"已被视为"理论性不足"的"异端"。再者，学者们对学术的重视加上本身实务历练不足，使企业中"执行面"层次的智能，在管理教育中极少触及。

然而这些"执行面"层次的智能其实对企业经营十分重要，它们虽然在学术殿堂中未能受到应有的重视，但在实务界却依然有人默默地累积经验，并整理出有参考价值的原则与提醒。日本丰田公司在世界汽车产业中长期维持领先地位，大部分即有赖于其在工厂管理及作业方面的努力与不断精进。事实上丰田的管理方式，不仅可以应用在汽车制造业，而且可以应用在大部分其他制造业，以及流程效率十分重要的服务业，例如物流、餐饮，乃至大型组织的行政工作方面。

丰田式管理对大部分企业而言并不陌生，但能将之落实在本身产销流程中的或许不多。江守智先生这本《翻转获利：丰田精实管理的实战笔记》，以可读性很高的文字以及贴近实务的案例介绍丰田式管理的精华，对读者肯定有相当大的帮助。江守智先生是政治大学企业管理系毕业的杰出校友，毕业后亲往丰田公司学习，并曾担任许多企业的顾问多年。从书中的内容可以看出他不只对企业界的问题可以一针见血地指出并提出建议，而且在顾问及辅导的过程中也不断自我成长，这些都是十分难能可贵的。

发现问题并解决问题的精实思考

宜特科技董事长　余维斌

iST 宜特，电子产业的验证测试实验室，致力于故障分析（FA）、可靠度验证（RA）、材料分析（MA）、化学／制程微污染分析、信号测试等业务，建构完整验证、分析工程平台与全方位服务，已是国际知名且具有公信力机构认可的独立质量验证第三方公正实验室，亦拥有各领域的专家所组成的专家团队，以完整、快速、先进与创新之高质量技术能力为国际各大厂提供解决方案，同时也扮演加速客户产品上市的研发伙伴角色，这是我们专注且坚持创造客户价值的核心服务。

然而，在科技技术不断进步的同时，我们也不断思考在内部管理上该如何优化改善，该如何更契合时代脉动，因此我们找到业界最顶尖的专家：江守智顾问，来协助宜特科技推动精实管理。

借重江顾问过去在不同产业成功的经验，我们也重新检视内部流程，江顾问破除过往同仁总是用感性陈述问题的习惯，细心地引导我们团队成员运用理性分析来发现问题发生的根本症结，并用科学的方法将数据量化，再进一步寻求最佳解决方案。在消除浪费、提升效率上得到蛮大的实质效益。

更重要的是，江顾问重视"授人以鱼不如授人以渔"，十分在乎同仁们是否将精实观念内化，培养平时便能够自主发现问题并具备解决问题的能力。

很高兴听到江顾问新书问世，书中跨产业的实际案例、简单明了的论述说明，深入浅出，笔触生动不枯燥，我相信，不论您在哪个产业范畴都能够从中获得体悟并且学到如何更加善用精实思考，推荐给您这本好书！

排除浪费是由"一步、一秒、一滴"开始

中华精实管理协会院长　大野义男

江君，恭喜你出书。

从守智顾问开始辅导台湾企业以来，已将近十年，辅导的企业也广含汽车制造、工具制造、食品制造、电子产业等，他在各行各业中活跃着。

各企业因产业类别不同，浪费的内容也各自迥异。劳力密集型的企业中是作业员的动作浪费，而自动化生产线则有设备效率的浪费等。依据产线规模、设备规格、生产量多寡的差异，进行改善的着眼点和改善内容都会有所不同。

TPS（丰田式管理）活动被认为是最适合改善这些生产的方法。

然而，TPS并不是僵硬的学问，其中确实有物品制造的原理原则，但如同先前所述，根据不同的生产线状况，改善活动的内容也会跟着改变。因此

TPS 活动中"行动"是很重要的，采取了行动，不论是好是坏都会有结果产生。若是坏的结果，改掉便是，而若是好的结果，便可采取进一步的改善行动，也正是所谓的"巧迟拙速"。

换句话说，能确实理解 TPS 的原理原则、精准分析生产线的现状，并发起改善行动的人才是必要的。

这本书中对物品制造的原理原则、实施改善的着眼点、发现浪费的方法，以及如何进行改善都有详细的解释。我想因为守智顾问有在本地辅导各式各样企业的经验和努力，才能写出这些宝物。

另外，他为了学习 TPS 的原理原则，特地到 TPS 的发祥之地：日本丰田汽车的关联企业——爱信精机（株），学习正统的 TPS 以及日本的经营、管理等学问。

这本书收录了很多 TPS 的基础，和依据此基础改善的实战经验，十分有价值，我想对很多人来说也是很受用的一本书。

特别的守智，特别的战场

知名讲师、作家、主持人　谢文宪

　　有近十万人听过我的课，企业内训居多，公开班也不计其数，守智是最特别的学员之一。我都这样介绍他："不要被他的年纪与外表给唬了，他的功力会深厚到吓你一跳。"

　　还是从宪福讲私塾开启的缘分，在"宪福讲私塾"高强度的训练下还能够存活，守智绝对是佼佼者，在一场章鱼烧工作排程与效能提升的教学中，他让宪福两位老师啧啧称奇，让同场竞技的其他老师望尘莫及。

　　我对他留下极为深刻的印象，然后，就没有然后了。下一次跟他见面是在写作班，我第一次知道他有出书的念头，课上完以后，然后，也没有然后了。在宪福育创开了两次公开班，然后，真的又没有然后了。

我其实一直不清楚，他到底平时在搞什么大事业？！

去年得知他在《经理人月刊》杂志主办的"100 MVP"中脱颖而出，我马上邀他在公开班跟大家分享职场经理人制胜之道，约他在我的广播节目中进行专访，我终于对他有了更深的了解。

在《翻转获利：丰田精实管理的实战笔记》中，他做了个人化的人生引申："精实管理的翻转制胜秘密，不高调就是提升战斗力，擅防守就是最佳攻击力。"

那些公开班开得比他多的人，其实战场没有他这么大。那些大赛得到第一名的参赛者，或许企业买单比例不会比他高。那些很快就出书的人，或许卖得不会有他好。那些口若悬河、舌灿莲花的老师，或许收入没有比他高。

这是此时此刻，我对守智的最佳批注："低调、温暖又有实力的一个人。"

精实管理是提升效率的显学，我大学与研究生都念企管，除了必修以外，都刻意跳过生产管理，不是我不喜欢生产管理，而是我找不到最佳诠释与切入点。大学时念的作业研究（OR），毕业后进到台达电子担任人力资源的工作，一年后转任桃园厂采购担当，生产线的课长和采购的经理都对我的效率研究与精实改善啧啧称奇，我也不知道哪里来的能力。

看完守智的新书，我发现："把手弄脏，亲上火线，仔细观察，设定目标，多方尝试"，正是我体验到的五个精实重点，转换成我后来的 12 年业务生涯，与 13 年的创业历练，正印证了一句话："不浪费就是提升生产力，不虚华就是增加竞争力。"

　　守智爱家，太太也很帮助他，平常锻炼健身，常驻第一线解决顾客实务面临的问题，他这个人，跟他选择的战场、他的日常工作、他的新书一样："低调不虚华，有效又有用。"

　　精实管理的最高境界："一直有然后，只是你不知道。"诚挚向您推荐这本书。

更精实、更精简、更精彩

《上台的技术》《教学的技术》作者＆职业讲师教练　王永福

　　十多年前在读 EMBA 时，有一门课叫"生产管理"，那时要算排程，要算流水线，要算要径，还有作业时间、移动距离、动线规划……。每次看了总是一个头两个大。后来也看了一些管理书籍，谈到丰田式管理、丰田之道（Toyota　Way），或是精实管理，谈到许多像广告牌、零库存、接单式生产……种种不同的观念。书里面有时也会谈到许多不同的行业，例如医院、邮局、企业，在导入精实管理的做法后，有更好的效率及质量，并且让许多企业脱胎换骨。虽然内容描述得都很吸引人，但因为不是作业现场出身，再加上没有亲临现场，总是只能对书上的内容停留在想象空间，还是无法了解 TPS 或精实管理的精髓。

　　后来因为宪福育创开了"讲私塾"这门课，训练有心成为职业讲师的老师们，一起学习教学的技术，我才在课程中见识到了精实管理的威力，守智老师的授课核心，就是这门"精实改善力"的专业课程。

本来我还有点担心，这门课看起来这么硬，会不会上起来很枯燥无趣，没想到守智老师用一个"理、平、流"的口诀，让我们在一个产品生产线的仿真操作中，马上学会了精实管理的入门精髓。我还记得大家在课程中，先学习怎么理出最佳动线、平准化生产负担，然后开始对比批量生产与一个流生产线的差异，虽然大家都没有生产线的工作经验，但还是能够完全理解守智老师想要表达的重点，并且从中学习到很多。

也因为上课跟教学的关系，我跟守智老师有许多的机会在高铁上及不同的地方聊天。我总是能够感受到他的热情跟活力，还有想要利用精实生产的精神，为更多的作业现场带来实质的改善。从这本书中，你将会看到许多不同的行业，如制造业、食品业、服务业、流通业等，怎么在守智老师的诊断下，去观察问题、发现问题、定义问题、解决问题以及进行核心成效追踪，再与企业目标进行链接。一步一步环环相扣，非常精实及精彩。

更重要的是：这本书的笔触生动，读起来非常有趣而好消化，以案例为主，搭配许多精实生产的核心。再加上守智老师有时自嘲或开玩笑的笔触，让人阅读时经常会发出会心一笑。如果以前在学校就能读到这本书，那我"生产管理"的分数一定会更高！但更重要的是：如果您能好好读懂书中的精髓，说不定您也能发现，如何用精实管理及 TPS 的方法，改变您的职场及作业现场，让它变得更精实、更精简，也更精彩！

　　我是福哥，我诚挚地推荐这本好书。

让你能看懂、能操作的精实管理专书

本书作者江守智

很高兴《翻转获利：丰田精实管理的实战笔记》即将出版大陆版。过去十年我在日本丰田学习并且在两岸企业进行辅导，其实无形中也见证了产业转型变迁之路，从 20 世纪 70 年代的日本制造，到 20 世纪 80 年代以后海峡两岸的制造也先后跃上世界舞台。然而我们都知道依靠低廉劳动力作为企业长期竞争筹码是不可靠的，于是开始有人谈云端、互联网、智能制造。可是当我们在无止尽追逐中，蓦然回首却发现日本丰田集团低调地踩着坚定的步伐，通过"持续改善"攀上且高踞全球汽车业龙头宝座。

当我在写作此书时，有"三不"是我的初衷。

不只谈汽车业

台湾地区企业发展的脚步，从传统制造业一枝独秀，转为百家争鸣。汽机车零组件、自行车、食品、餐饮、屠宰、工具机、门锁、手工具、医院、石化、科技等产业的企业主纷纷找上我。因为他们知道，丰田汽车在资源匮乏的条件下，能够雄踞全球汽车业龙头，"管理方法"才是丰田决胜的关键。所以这些都是经得起实践的硬道理。

不只谈理论

"理论缺实务，不切实际；实务缺理论，漏洞百出。"谈理论，我可以告诉你实务操作方面的重点在哪儿，甚至你们会遇到的问题，我不用到制造现场都猜得出来。讲实务，书中内容都是我所负责的企业实际改善的案例，即便是食品、汽车、科技、医疗等不同领域，背后也能归纳出相同的原则逻辑，就别再高唱"我们不一样"了吧。

不只有美国、日本

在欧美系统，我们谈精实 (Lean)；在日本，大家谈丰田生产方式 (TPS)。然而读到欧美的案例、日本的职场文化时，或多或少都有种格格不入的感觉。"平准化""价值流""大部屋""一个流""段取"等字眼，让你从入门接触就觉得格格不入吗？如果谈金庸的武侠小说、《三国演义》、NBA、网络段子会不会让你觉得亲切？要不还有捐血流程、家中衣柜、餐饮内场、就医看诊等生活实例，通过轻松幽默的笔调让你轻松入门。

希望这本书能够让你在职场工作、管理范畴有新的体悟，进而转换成实际行动。让我们一起加油吧！

CONTENTS

目 录

第3章　增进效率

第4章　长期稳定

第 1 章

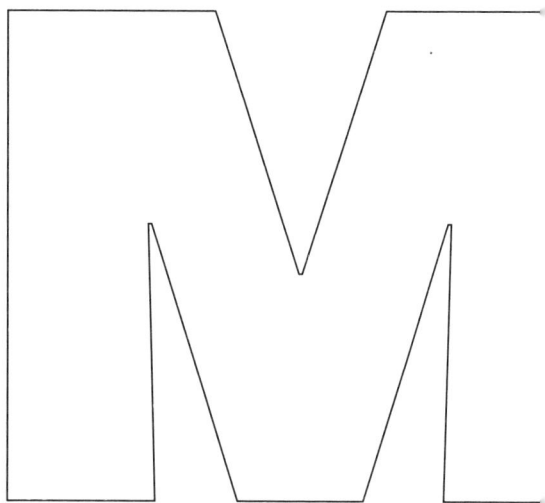

建立标准

M

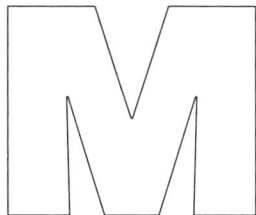

管理第一步：
有标准，论好坏

合资企业、石化产业中一颗炙手可热的新星，过去三年不论营业额、利润皆翻倍成长，这是我辅导的一家公司。这样的公司究竟遇到了什么样的问题，会选择处在风口浪尖时，希望寻求外部辅导顾问的协助呢？

2018 年年底开始，我正式接下这件案子，作为精实管理推展至台湾地区石化产业的第一步。一开始我也非常好奇，照理说石化产业在本地发展历史悠久，而且产业排他性相对强（有自己一套游戏规则），究竟他们的需求是什么呢？

在我第一次拜访公司制造现场后，我就找到了答案。

"现在这种材料的充填作业，今天要做多少桶呢？"

"要 120 桶。"

"那现在做了几桶？预计几点能够完成？"

"跟顾问报告一下，如果早班没做完的话，中班会接手做到完。"

　　我有点讶异，心里马上浮现一种大胆的想法："所以课长您言下之意，就是大家都可以随心所欲，做到哪儿算到哪儿吗？"当然，我压下差点脱口而出的疑问，只好冷静并修饰过语言后说："那这样表示生产是没有标准的吗？"陪同我到现场的五六位干部纷纷回避我的眼神，我只好接着再到另外一个现场巡访。

　　"上次这项作业的负责人怎么没见到呢？"

　　"喔……我们公司现场作业每个月都会轮调一次。"

　　"那这样作业时的注意事项、重点质量项目等等，会不会有疏漏？"

　　"我们都会提醒他们要确保哪些地方不要出问题。"

　　这次的答案已经不是讶异就能形容的，回想当初公司副总经理在辅导前的高层会议中所期望的："希望公司有管理的样子。"原来这家快速成长的企业，在过去几年内完全是人治社会，原因是在快速扩张时期面对大量工作负荷，主管们只能依靠过往做事经验见招拆招。

　　然而就是因为这些做法缺乏根据及可重复性，公司面对客户的质量投诉、到厂稽核时，才显得猝不及防。

　　过去在日本丰田集团研修时，令我印象最深刻的就是"标准"两个字。

**　　因为不论哪种作业方式、生产条件等等，皆有标准存在，作业人员皆依据标准进行。**

　　然而许多本地企业对于"标准"的第一印象就是SOP（标

准作业），觉得这是一种扼杀人类灵活应变的工具，甚至让组织变得僵化、无法变通，甚至以为不能应付市场环境、竞争对手的改变。

然而我建议大家，不论是公司内部的改善活动，还是个人工作效率的优化，"标准"都是一个极为重要的存在。其理由有以下三点。

"标准"是好坏判断的依据

有标准，才能论好坏。

如同古语有云："不以规矩，不成方圆。"想要针对各种流程或作业方式进行改善的话，就要先能够建立现阶段的标准，若干时日后，才能够判断是变好了还是变差了。

如果我是一名梦想打进黑豹旗八强的高中生投手，希望暑假期间通过特训提升自己球速，但如果连一开始的球速都没测量过，夏天的两个月汗水挥洒后，说不定还可能因为训练方向错误导致球速减慢却不自知。

"标准"是前人智慧的浓缩

标准是在安全、好质量的基本条件下，追求产能、成本的产物。

标准就像一个逐代演进的生命体（谁说标准不能改变？），每逢重大变化就会迎来演化的变革，例如客户投诉问题、工伤事故、产能瓶颈等，都会产生新的做法，并被写入标准中。

企业组织不像国家政府拥有一群专业人士进行立法、修法的任务，因此通常都是外部压力产生改善动力。但只要通过迭代更新积累，那就是一份高浓度的智慧聚合物。

"标准"是指导新人的指南

丰田集团拥有一个值得企业与工作管理者学习的现场方针：如果下属不能够遵照"标准"行事，不应该责骂或惩罚下属，而是先行反省是否"标准"本身出了问题。必要时更应该听取下属的意见，重新检讨、思考如何修正标准！

要记得我们要努力的并不是维持现有规章的存在感，而是应该致力改变整体标准运作机制的正向循环：制订、施行、检视、修改、重修。

在武侠大师金庸先生作品中提及的丐帮经典武学"降龙十八掌"中便可看出端倪，从洪七公传给郭靖，从耶律齐到史火龙，即便有帮主与传功长老有计划地传授武功，但不论意会抑或言传，终会遇到教的人会打不会教，学的人资质鲁钝等问题。

无法科学地留下典章标准，是丐帮从天下第一大帮到后期沦为江湖后段班的原因之一。相反地，少林寺通过达摩院、般若堂、罗汉堂、藏经阁等组织，系统地收集、修正、培育标准武功，也难怪历朝历代皆能稳定输出高质量的人才。

现实职场也能用上"标准"管理

回到现实世界，在工作职场中的我们，又能够怎么通过标准来提升自己呢？以下提供三种情境给各位参考。

第一种情境：接受上司任务时

- 确认任务的执行期间
- 确认主管对于好坏的标准
- 确认资源投注的多寡

如果主管对于标准没有谨慎考虑，作为下属可以通过"向上管理"的方式——借由询问的方式，首先确认交办工作的截止时间（Deadline）。

而如果对于工作要求的质量水平、效率高低不够精确的话，那就容易发生"能不能提早点给我？"，结果你隔天提了一套烧饼油条加豆浆给他的误会情境。

最后我们也应该确认上司资源投注的多寡，如果以往这项工作需要三个人做足 8 小时，现在只给你两个人，照比例推算应该两个人均需加班 4 小时才能完成，而你能加班 2 小时就完成，就足以证明效率提升的作用。

第二种情境：执行个人工作时

- ◆ 设定明确的工作内容
- ◆ 定义精确的评价标准
- ◆ 给予详细的时间计划

工作执行时通常不需用到"5W1H 原则"，特别要清楚设定的是 When（时间）、Where（地点范围）、Who（执行者）及 How（工具手法）这四大项。

以我个人经验为例，我会在工作执行过程中，通过定期回报让相关单位及主管知道我最近在干吗，进度到哪了，遇到什么问题，需要什么支持，通常我都是以周为单位设定工作进度、期望达成效果及检验标准，一有状况立刻回报。

你可能会担心主管或同仁嫌烦，但直到我当了主管，我才体悟作为主管时，没有什么比"下属闷着头默默搞，到了火烧屁股不可收拾时才向你求援"，更令人头皮发麻的事了。

第三种情境：训练部下遵守时

- ◆ 说明标准存在的用意
- ◆ 观察部下执行质量与速度
- ◆ 检讨是否有可修正之处

为了不让自己做到死，训练员工是管理者的必修课。

"现在的小孩教都教不会"，发表这样贵古贱今的言论，你还是没法解决问题，发泄后一样得要擦干眼泪自己收回来做。与其这样，不如向部下说清楚标准的重要性，交办工作你期望看到的质量、效率，并且持续追踪员工的作业方式与困难处，一同检讨标准是否有值得修正之处。这才是从根本着手减轻主管负担的方式。

本文开头所提到的这家公司，后来通过一年的讨论学习，目前在所有事业单位都设定好明确的工作标准，而且每个月开会检讨，持续修正更好的版本。

大家都反映过往工作缺乏成就感，因为不管做哪种工作，都没有人告诉他们什么叫作好，什么叫作不好，大家只是闷着头打拼着。

但现在通过标准的建立，达到或超越标准会有成就感及上司肯定，而低于标准时知道自己错在哪儿，才能避免下回犯错的循环。

公司副总在年度检讨会议后与我握手时说："谢谢顾问，我们明年订单预计会再增长30%，如果没有这些标准在，我们势必会遭遇更加兵荒马乱的情况，但现在反而感觉到心里有谱的踏实感。"

M

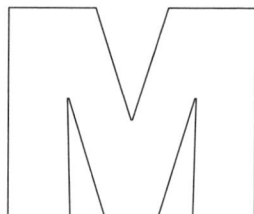

目的先决模式：
先问"为什么"跟"为了什么"？

我固定每三个月到捐血中心捐全血（500cc），对！除了造福更多需要的人，也是为了增进新陈代谢而帮助减肥。然而最近一次捐血时，发现以往所熟悉的捐血流程，从2018年8月之后有所调整。

过往的捐血流程是从先填写捐血登记表开始，接着查验身份证件、由专人面谈体检、进行捐血及最后休息。而现在一到捐血中心，映入眼帘的是一个立牌，写着"新血液管理信息系统正式上线，因作业流程改变，捐血等候时间较长，请您耐心等候，造成您的不便敬请见谅"。

咦？这马上吸引我的目光了！为什么新导入的电子化系统，反而会让等候时间变长呢？

自己实际体验一遍，首先在查验身份后，跟过往不同的是捐血中心会请捐血人使用平板电脑输入电子捐血登记表，过往通过护理师面谈时确认的个人旅游、用药史及性生活等私密问题，现在就在平板电脑上进行勾选即可。

但操作时出现的状况是捐血中心仅有两台平板电脑，而且联机质量不佳，导致捐血人通过平板电脑输入电子捐血登记表时会出现堵塞现象。

这时的我想说："好吧！可能在这段流程多花点时间输入数据，就能减少以往在面谈咨询时耗费的一对一问答时间。"可是等我进入体检室后，再一次超出我的期待。亲切的护理师仍通过亲切的口吻、饶舌的速度确认我最近是否有用药、牙科治疗情况、一年内出国情况等，另外再拿着专业的教具告知勿将捐血作为检测艾滋的方式，并询问了过去半年内是否单一性伴侣、是否曾吸食毒品等问题。

这……不是跟以往一样吗？那我刚才在平板电脑上输入身份证号，还要一项项勾选是为了什么？

不要等到事后才越想越不对劲，我决定把握时间询问相关人员。所以当我伸出右手食指前端，让护理师擦拭酒精准备在那上面刺个小洞采集血液测量血红素时，我故作轻松地问了电子化作业的问题，护理师只给我一个意味深长的笑容，然后告诉我：

"来，深呼吸。"

"啊！"

"我们底下的人不好说些什么。"

"（冒汗）我知道了。"

你一定跟我想的一样，觉得这不是显而易见的事实吗？为改而改，为了推动电子化却导致流程钝化。既然新导入的血液管理信息系统会让等候时间变长，那为什么要改呢？如果把

"电子化系统"替换成"智能制造""工业 4.0"好像也有似曾相识的即视感。

这就牵涉许多企业、组织决策的重大缺陷："追流行，却不看自己行不行。"

不要落入流行先决模式

玩摄影的人就知道，现代相机为了方便使用，不论各家厂牌都有"光圈先决模式（A 模式，Aperture-priority Mode）"、"快门先决模式（S 模式，Shutter-Priority Mode）"等设定。但以我在两岸企业进行顾问辅导时的经验，最常遇到的问题就是企业经营者往往是"流行先决模式"。

也就是近来流行的管理名词、议题，都希望在自己的组织、团队、企业内能够推行活用。几年前你会听到老板想要推蓝海策略、长尾模式，这几年开始有许多企业在强调要推动智能制造、通过大数据做工业 4.0，估计接下来就连巷口卖臭豆腐的阿伯也说他们用 AI 人工智能在炸豆腐、腌泡菜了。

"

所有管理方式都是一种手段，我们希望通过不同的手段或方式因应环境的改变，进而达成想要的目的才是重点。

"

然而两岸企业都遇到经营层因为"流行先决"造成无法预期的损失，例如以为厂内花了大笔预算设置数支机械手臂在产在线，就是工业4.0，或是在全厂所有设备上加装电眼、传感器，并通过服务器收集各式数据，就叫智能制造。

其实现实的残酷是：花了钱装了一堆机械手臂，却只能运用在少数产品而无法共享，结果现场还因为机械手臂经常出现故障或条件设定时间长而抱怨连连，甚至最后干脆不用。又或者收集海量数据，到头来却不知道该从何下手进行分析、数据上看不出任何差异性或改善切入点。

当流行潮吹向破裤时，我明知道自己腿粗、脚毛多不适合穿破裤，却还硬是下单买了三件穿出门。这不就是现代版的"东施效颦""削足适履"吗？既然你自己不会做，那为什么企业会出现这种现象呢？因为竞争的危机意识会模糊了决策时的思考重心："别人家有，我们也要有，不然怕输掉。"

为什么？为了什么？

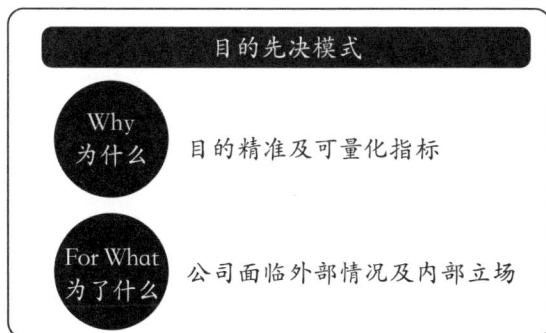

目的先决模式

Why
为什么 — 目的精准及可量化指标

For What
为了什么 — 公司面临外部情况及内部立场

为了避免让过剩的危机意识，阻碍你正常的思考，每当看到各种新思维、新工具、新议题出现时，提供一个模式、两个问题，来帮助您审时度势、自省行动。

我把它称为"目的先决模式"，凡事先问"为什么？"及"为了什么？"

问题："为什么"要推动精实管理？

回答：因为我们希望能够降低制造成本及半成品库存天数，使自家产品在市场上更具价格竞争力，同时挽救我们日益减少的现金水位，避免经营风险。

问题：那推动精实管理是"为了什么"？

回答：公司从创业开始就不打算上市上柜，作为一个家族企业希望能够尽力照顾公司 200 多位员工及背后的家庭。但随着企业面临的环境变化激烈，公司近年来在制程能力、成本、库存等方面都落后于同业，为了能够持续提供良好的薪资福利给员工，我们要推动精实管理，在不裁员的前提下消除浪费、增进效率，让我们的产品能够越来越有国际竞争力。

上面是彰化某汽车零组件制造商在推动精实管理前，公司董事长、总经理及协理们（处于总经理与经理之间的职位）与我一同开会拟定清楚的"目的先决模式"。

知道"为什么"，才能找出精准且可量化的改善指标。

但指标再明确还是需要人们的配合及调整，所以"为了什么"而启动变革就代表着背后所面临的情况及公司的立场。

掌握这两个问题，能够让公司从经营层开始避免人云亦云、人有我跟的追随者心态。站稳自身脚步，依照组织外部环境及内部状态，选定正确的管理系统或工具，方向清晰地向前走。

同样的模式及问题，运用在个人职场学习也是一样。这几年不论是图表分析、简报技巧、问题解决、声音表达还是沟通能力等议题，在企业内训或成人教育市场都方兴未艾，但其实每一位职场工作者在投入金钱、时间学习前，我也建议你不妨用"为什么？"及"为了什么？"检视自己学习的目的，我想能够少走点冤枉路、少花点冤枉钱。

记得！寻求改变时，你需要"目的先决模式"，然后问清楚"为什么？"及"为了什么？"

M

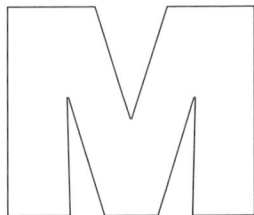

整理的重要性：
女人的衣柜里永远少一件衣服吗？

　　"女人的衣柜里永远少一件衣服"究竟是假命题还是真现象呢？大多数的老公在年终岁末大扫除后的夜晚总会这样问自己。好不容易在周末假日排开所有行程，两夫妻说好专心一致面对爆炸的衣柜，你狠下心来对衣服最后的疼爱就是手放开，但是拿起老婆的衣服准备扔进回收箱时，太太的声音在耳边浮现：

　　"这件是人家两年前跟日货卖家联机时买的雪纺纱上衣，很美呢！"（但是你去年都没穿，领口都已经泛黄了呢！）

　　"天啊，这件你真的要丢？你不知道这韩版的牛仔裤超修身，还有提臀效果。"（可是瑞凡，不仅是我的肚子而已，其实我们都回不去了。）

　　面对旷日费时的衣服答辩及审判，眼看好不容易争取出的时间就要不见，甚至再坚持下去对自己也没啥好处。于是双方密室协商并妥协的结果，那就是一起把所有的衣物都拿出来，柜子擦干净后，再把衣服放进去珍藏而已。刹那间，你有种自己是张无忌练好乾坤大挪移的错觉。结论还是你的新衣服依旧没地方挂，而去年不会穿的今年一样在那儿泛黄而已。

管理类书籍最害怕的就是作者在论述过程中有精英包袱，潜意识里觉得高人一等而文章离地三尺。然而上述的生活案例皆非个人经验体悟，纯属听别人说的。作者家里鹣鲽情深、琴瑟和鸣，我个人是没有这样的困扰，在这边一定要好好澄清一下。

整理、整顿的企业基本功

每次到客户端进行诊断或拜访行程时，业者们总是会先打预防针强调"丰田是搞车的，和我们家做 ×× 的不一样""精实管理比较适合汽车业啦！""我们家东西少量多样很麻烦的"诸如此类的意见。但其他领域是通过实验方法、数理推导等方式产生成果，管理理论则不同，主要来自大量企业实务的归纳，也因此拥有一定程度的跨领域复制性。

先别说丰田了，你听说过安丽吗？啊！不是，我是说 4S 活动。

在你们公司谈的可能是 5S 活动，甚至 6S、7S 到 10S 以上都有人在说。但最前面的 2S，毋庸置疑大家一致认同是"整理"（Seiri）及"整顿"（Seiton）。

每次当我在企业辅导或授课时谈到整理、整顿，就会有人在脸上或言谈间流露出"骗子，20 年前我们就在做了""这东西还要我们花钱请你们教？"的感觉。

的确，台湾地区早期制造业开始与日本客户合作时就接触过这些概念，但是讲求速成、虚应了事、一知半解的状况却总是在企业内部不断重演。

也因此不论是为捷安特、美利达为首的 A-Team，还是联华食品、宏亚食品等食品大厂推动辅导改善时，都会设定以一年为期限做好 4S 与目视化管理。因为不论是推动改善活动，还是确认问题现状，"4S 与目视化"都是企业的基本功。

整理的核心是选择，目的是减少时间

"整理"是推行 4S 活动的第一步，所谓的整理是种"选择"，将工作中所需物品或信息区分成"要"与"不要"，接着就将不要的东西加以清除。

听起来越是简单的道理，往往越难做到。关键就在于没有告诉你目的为何，好处在哪儿。就跟数学公式推导如果少了证明的过程而直接告诉你结论，虽然省去思考的痛苦，却难以持之以恒。

整理的目的，是希望减少人们在行动或决策时，因为选择障碍造成的时间成本及质量风险。

我曾经辅导过某摩托车锁类零件制造商，最初他们仓库内拥有超过一万种的零件种类，每天需要五名人力进行备料作业。然而经过三个月的辅导后，他们仅仅只需进行 4S 活动中的"整理"，也就是区分要与不要的东西并将不需要的撤除，就将所需的备料人力从 5 人降为 3 人！

因为库位分母变少，每个人更容易也更清楚知道东西在什么地方，进而大幅加快找寻速度，甚至增加备料正确率。

细心的你会想到本文一开始的案例，听起来区分要与不要是件容易的事，但为什么总有人觉得每件东西都是需要的呢？恭喜你踏入八奇思考领域 ① 的第一步，没有错！整理这件事最大的阻碍就是无法判断或难以割舍。

要与不要，在于使用频率

在这边提供给大家一个我们在进行企业辅导时最推荐的判断标准：依照"使用频率"区分要与不要。

例如你可以针对目前常穿的衣服进行收纳整理，然后将暧昧不明、穿之无谓弃之可惜的衣服都贴上红色贴纸，上面签上当天日期。后续只要拿起来穿，就把日期贴纸撕掉。如此一来，每到换季时，你就可以轻易分辨有多少衣服是一年以上不曾穿过的，这时候就有标准可以下定决心将其丢到旧衣回收箱去了。这就是我们辅导过程中在制造现场常用的"日期标签明示作战"法。

---

① 出自陈某的三国漫画作品《火凤燎原》，该作品以智斗为主，其中代表智略巅峰的谋士团体水镜八奇是作品的灵魂人物，而其运行计谋的思维模式被称作：八奇思考领域。

整理帮你更迅速找出问题关键

空旷的运动场如果只有一个人在，你一定很容易注意到他。如果运动场用来举办演唱会，现场五万人聚集时，多一人或少一人就很难被看出来。相同的概念运用在仓储管理、生产人力配置、服务流程与情报传递上都已经被印证其效益。

如果你作为管理者面对现场千头万绪而焦头烂额时，请先试着想想怎么"整理"吧！

1. 依照使用频率区分"要"与"不要"；
2. 将不要的东西或情报撤出现场。

M

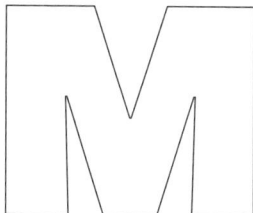

整顿的重要性：
如何归位才能实现高效？

我与料号 R-735 这批零件不相见已两年余了，我最不能忘记的是它的背影。

那年冬天，仓管组长调走了，老员工小钟的差使也交卸了，正是祸不单行的日子，我从制造调到仓库，打算学着小钟偷懒打混。到仓库见着副总，看见满间狼藉的东西，又想起料号 R-735 这批零件，不禁簌簌地流下眼泪。副总说："事已如此，不必难过，好在天无绝人之路！"

语文课文中的经典文章——朱自清的《背影》，让你感到心有戚戚焉吗？在制造业、物流业、服饰业等行业，或是公司没有自动仓储、ERP 系统等设备，高达八成以上的企业仍旧会遇到"料账不符"的情况。

需要的零件偏偏缺料，不要的东西却堆积如山，究竟是谁的责任？

小钟如果能够早点看到"女人的衣柜真的少一件衣服吗？"

那一篇，面对仓库内物料管理混乱的窘况就能够解决。

前一篇我们学会通过使用频率，区分要或不要的东西并将不要的东西去除。接下来我们就要来看看怎么把剩下来需要的东西明确归位，也就是4S活动中的二部曲："整顿"（Seiton）。

既然留下来的都是我们认定必要的东西，许多人会产生的一大误解，就是认定只要把东西摆得整齐美观，看起来赏心悦目就是完成任务。但4S活动之所以能够在全球企业界叱咤风云60年，甚至在日本已经成为制造或服务现场的金科玉律，肯定不是赏心悦目这么简单，背后还是有企业运作所讲究的效率、质量及管理意义存在。

效率：频率高低决定摆放远近

在联华食品的万岁牌坚果饮包装线上，我们看到包装人员每放10包后就需要向左后方跨一大步拿隔板放入箱中，可想而知日复一日、年复一年这个动作都持续存在。然而在改善团队学习到4S活动的观念后，马上就发现这个"往左后跨一步"的问题导致一整天现场包装人员可能要多跨一千步以上！

以一步0.5秒计算，每天可节省8分钟，每月节省近180分钟，一年就少了36小时的工时。

这不仅是人因工程的改善，背后隐含着"整顿"

的重要原则：东西依照使用的频率决定放置位置。

就像《少林足球》内的一幕："大家不要紧张，我本身是一个汽车维修员，有个锤子在身边，也很合逻辑。"人的活动范围及物品的使用频率，应该检讨最适当的配置。

品质：定位、定容、定量的安定感

某机车零组件厂商设立在整车厂内的组装线，作业员正在把 M6 螺丝的包袋拆开，放在输送线旁的作业桌上，要为车灯与 H 壳进行装配。

我默默站在产线边，看着透明袋子散落出的螺丝，人员虽然熟练地拿起配件，挑好螺丝、工具锁附，最后再将成品放回输送带。我还是忍不住把心中的疑虑提出来问组长："请问这条产线是否有外观不良跟欠品问题呢？"组长一听马上惊讶表示："顾问，你怎么知道呢？"

我向组长解释道："因为你们的螺丝就这么直接拆开包装使用，虽然省去更换料盒的步骤，但是散落的螺丝在作业现场却很有可能会刮到 H 壳的烤漆表面，或是人员在拿取时即便遗落也很难被看出来。"

不论是在制造、服务现场还是内部流程，如果所需要的东西散乱不堪，虽然不是百分之百会造成失误，但人员疏失的概率肯定大幅提高。

人才养成：从不要犯错到不会犯错

三四年前我在大陆进行企业辅导时，曾经遇到春节前后，人员流动率超过 80% 的景象。近年来在台湾这样的状况也越来越多见，如果短时间无法解决人员流动的问题，那么对于企业第一线的管理重点就是"怎么快速让人员对作业上手"。

如果说整理的目的是让物品或信息达到去芜存菁的效果，那么整顿就是为了让留下来的实现"不论是谁"都能够"迅速拿到"。

迅速拿到这件事，前面已经提到可以依照使用频率高低以安排放置远近，追求效率的最大化。然而"不论是谁"这个条件则必须依靠明确的区域划分、摆放规则、收容方式及图像化（目视化）管理来达成。

"那个谁，你去帮我拿一把葱过来。"主厨阿多师正在后场赶着出菜。

"你拿的是蒜！而且给我找了 5 分钟是怎么回事？"阿多师拿起手上的菜刀差点挥下去。

"我需要一把片刀，放在炉台上方的刀具架。"主厨阿多师这回特别叮嘱刀具的位置。

"……这个刀片又粗又重，这是剁刀！"阿多师血压瞬间飙到 210。

我常听到企业主管会有一代不如一代之叹，但与其抱怨却无法改变现状，倒不如省视我们能够通过什么方式来协助新人"不容易犯错"，而不是"叫他们不要犯错"。

　　整顿所要求的"不论是谁都能够迅速拿到"，就是一种从系统结构上建立明确机制的实战技巧，值得各位经理人回头思考所处职场的现状。

　　整顿，通过整理达到分类效果后，接着将必要的信息、物品进行安顿处置。不论是从效率、质量还是人才养成方面，我们都可以看到它的优点及必要性。

M

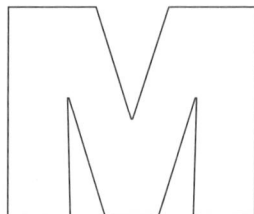

目视化管理：
建立大家都能一目了然的工作环境

　　如果我们把工作职场比作一辆行进中的汽车，你能想象绝大多数人所乘坐的车子驾驶座前方，没有仪表盘的存在吗？究竟现在是已超速，还是速度过慢已经被人超车落后，甚至没油或是胎压异常等等都看不到，只能依靠驾驶者的"感觉""经验"来握着方向盘向目标迈进，你觉得这样的驾驶可靠吗？发生意外的风险大不大？

　　"最近订单比较多，现场同仁们要好好加油！""公司最近投诉案件变多，自己皮绷紧一点。""这个月我们业绩一定要比上个月好！"有时候在企业辅导会议中听到高级主管勉励同仁时，总会说出上面这样的勉励之词，但我总是会觉得少了一点什么，因为组织的信息情报未能实时共享，因此让"第一线的问题"无法早期发现、早期治疗。

这里到底在做什么？

2019 年初，我受到某手工具大厂董事长的请托，到越南去协助诊断他们的工厂情况。事前得到的信息，这是一个在未来十年具有高增长潜力的生产据点，因为越南现有人口9 200万，且是一个国民年龄中位数为 30 岁的新兴市场。它所展现出来的蓬勃生机与机会，更在 2018 年底取消外资股权上限后，呈现爆发性的增长，大量外资企业涌进，让越南各大工业区瞬间面临缺工问题。接着而来的工资增长、竞争加剧的状况就看各家企业如何因应。

从胡志明市下飞机后，著名的摩托车大军贴身呼啸而过，我乘车直驱客户工厂，立即展开现场问题诊断。然而一整天的时间，我从原物料放置区、加工区、喷砂、抛光、喷漆、组装等区域仔细审视走过，暂且先不论工作的效率高低、质量优劣等，眼前就有一个最迫切也最直接的问题亟待解决，那就是："这里在做什么？"

我旁边的史蒂夫协理一时半刻好像无法消化我的问题，他心中可能冒出问号，想说："顾问你是傻了吗？这里不就在生产中吗？"

我看得出他眼神中的迷惘，只好赶紧进一步补充解释："史蒂夫，你也是从总部过来支持的，我们现在站在热处理区，你能告诉我，现在他们在做哪一项产品吗？预计要做几支？预计几点会做完？然后下一个要做的产品是什么呢？预计要做多少？需要的相关治具、空箱等何时准备呢？对了，今天的质量状况中有不良品吗？是什么原因造成的？设备运转都顺畅吗？有没有故障停滞的问题呢？有的话是什么原因？停了多久？"

我连珠炮式地把问题通通丢出来，协理瞬间惊呆了，好像我是名计算机黑客朝着他的大脑主机发动了DDoS（阻断服务攻击），让他大脑资源耗尽无法正常运转。

你可能会以"赛亚人"的骄傲说："你说的是越南的例子，如果你今天来问我，我一定都可以回答让你知道。"没错，你可能有能力应付我的问句攻势，但有没有一种可能是：

其实我们之间不需要你问我答、一搭一唱，所有信息都能够公开透明地在现场以简单易懂的方式呈现出来，就算不用问，看也能够看懂呢？其实这就是"目视化管理"的目的。

那要怎么在自己公司或单位内部推动目视化管理呢？大家可以试着按照下面所述的三个步骤进行。

1. 锁定重要目标

就好像现代人的知识焦虑症一样，我知道大家总是贪心地想要在工作中做到全知全能，但是醒醒吧！你不是上帝。我们能做的是依循公司年度方针、季度目标等具体绩效指标，锁定重点主动出击。

例如有个我过往辅导的企业，他们曾在某一季度列出的改善重点是缩短生产线换线换模的速度，并且挑战在五分钟内完成。因此生产线最终站的上方就设置了一个 LED 灯的倒数定时器，每当该品项的最后一个产品完成时，倒数定时器就会启动，工作人员们就能够依循着时间的限制完成各自负责的换线换模作业。

通过这样的倒数定时器，当你在作业时就能够有一个参照准则，当时间剩下三分钟时我应该要把旧的模具给拆卸下来，当时间剩下一分钟时新模具应该已经要装好，准备要调整设备参数。

2. 如何呈现实时数据

我经常在授课时讲个真实的笑话，许多公司要判断现场工作人员要不要加班，信息不是掌握在现场组长手上，也不是课长，更不可能是经理。那你猜猜是谁？

答案是厂务小姐最清楚，因为下午四点多厂务就会到现场问大家晚上有没有要加班的？要不要订便当？很多上课的学员笑着笑着就哭了，因为这代表着公司重要信息更新频率的严重落后。也许你可以像这家公司一样，通过每小时定期填写生产数据，让大家知道现在进度是超前、刚好还是落后？

如果遭遇落后情况，班组长也需填写是何种原因造成的，作为后续改善依据。

3. 看完后的行动指示

目视化管理，希望通过道具、图表等方式，将信息做可视化呈现。

很多企业的确也都能做到这点。但是"目视化"终究只是种手段，真正需要的是"管理"，也就是我们看完后需要怎么做才是重点。

例如管理者在现场张贴了关于本月份每日不良品数量变化的图表，每日高高低低、此消彼长的变化，大多数的人是不会放在心上的！但如果在图表上有着明确的行动指针"不良率目标 2%"，那么大家就知道今天不良率 5% 远高于目标，要赶紧找出是在人员、设备、物料还是做法上出了什么问题。

所以目视化管理希望能够显示异常，更重要的是当异常真正发生时，给予大家明确的行动指示。

许多团队建立课程都会提到"有共识才能够共事"，然而对于公司从上到下的每个人来说，最基本的共识应该来自"对于工作环境一致的认知"，目视化管理就是一个简单却又明确的做法。

不论是谁，到了哪一个单位的现场，都能够清楚知道这个单位的实时状况，就好比开车时的仪表盘清楚载明现在时速、引擎转速，我们就能依此判断是否超速，同时也能决定接下来开车是要猛踩还是轻放油门。

你的工作环境是否也有目视管理呢？

M

本末倒置的陷阱：
目的与手段

"最后我们这组想说的是，这次精实改善案非常感谢顾问的指导协助，让冲压 A-2 线能够成功将换模时间从 60 分钟缩减至 15 分钟，足足下降了 75%。"汪课长在公司年底成果发表会上向公司全体简报推行精实管理的成效。

总经理坐在我身边嘴角上扬到都已经快要拉到眼角了，显示他有多满意这个改善案。我在旁边稍微思考几秒后决定不违背自己的专业及良心，还是抄起麦克风说真话：

"汪课辛苦了！基本上大家运用我所谈的外段取、内段取等手法做得很不错，不过我有个问题想要确认清楚。我们换模时间降了这么多，那么具体成绩在哪里呢？"

"就……就是让换模时间从每回 60 分钟降为 15 分钟。"汪课长有点不知所措地回复。

"我知道，不过如果我是总经理，我可能会更在意实质的效益会在哪儿？如果少了 45 分钟，那每天产能可以增加多少？

还是原本需要加班的时间就可以节省加班费呢？"我补充说明，同时也让台下其他几组的主管们了解概念，总经理在旁边也立刻点点头表示赞同。

"我们这边本来就没有加班的状况，不过产能的部分我可能回去还要再了解一下。"汪课的积极度表明他马上知道该如何调整不足之处了。

我走上台拿起白板笔，画起图表解释："如果一开始我们就在没有加班、订单没有增加的情况下，本来一天换线一次，在总换线时间不变的情况下，可以改成一天换线四次，生产批量就可以降为原本的25%。例如原本一天只做A产品10 000件，现在可以做A、B、C、D四种产品各2 500件，让你库存大幅下降，对公司就是资金积压降低不少。"

总经理这时点头已经不止捣蒜，大概连椰子都可以敲开了（笑）。

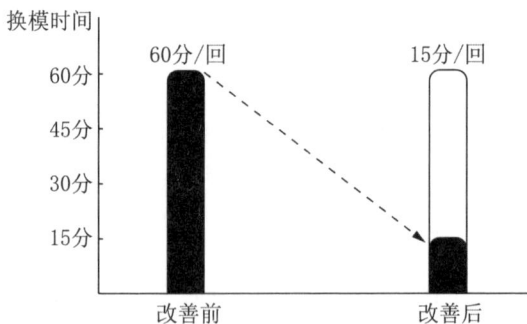

改善目的是经营具体绩效

节省的45分钟是：
·投入生产增加产量？
·减少加班时数？
·换模回数增加，批量减少？

以上是真实会议情境，最后汪课长会后立刻重新安排生产排程跟批量，成功让冲压半成品区的库存降低一半以上，所以说这是个价值巨大的会后指导意见。

如果没有提醒，那么这个改善案只获得手段上的成功，却会是在目的上的重大失败！

先谈目的，其余再说

不论企业或个人，一定是先起心动念，才有后续的行动配合。

然而目的多半来自什么呢？
痛点（问题解决）或爽点（课题挑战）。

痛点就是企业现在所面临的挑战或难题，例如出货延迟、加班多、不良品多等问题。爽点则是现在不做以后一定会后悔的事情，例如增加库存周转率、提高生产效率、消除浪费等。目的先抓紧，让组织全体成员产生共识，有共识后大家才能共事。

更好的做法是让目的拥有一个明确的检验标准，特别是量化的指标，才更容易被遵循。

目的不同，看到的问题也就会不一样。"啊，好像稿纸似的。""我看倒有点像稿纸。""真像一块块绿豆糕。"《雅量》一文就曾告诉我们，买了衣料就是衣料，如果不明确定义清楚，让公司同仁们各自发挥，那么反而会收到反效果。

目的单一，手段多元

前面提到我们必须先针对公司现有的问题去解决，或是面对公司未来挑战或难题去克服。这个时候必须注意集中火力针对单一目的去努力，不要三心二意。例如既想要降低库存又想要提升质量，明明是不同议题，却想要在相同时间、相同团队成员中一起推动，就有很大的概率会无疾而终。

目的要集中火力，目的不能多元，因为会让团队无所适从，但是手段就不一样了。

就像今天我们想从杭州到苏州（目的单一），但交通方式上却可以有非常多的选择（手段多元），可以搭高铁、出租车，坐火车，坐长途汽车，自己开车，骑自行车，步行，甚至划独木舟沿大运河北上等疯狂方式。

如果我们再把目的聚焦得更清楚，是想在早上8点时从台中到台北参加一场10点开始的会议，那么在有限资源下，我们对于手段的选择就会更清楚，要么搭高铁，不然就看有没有办法遇到《的士速递》中开出出租车的丹尼尔了。

本末倒置，资源错置

回到本文一开始汪课长的故事，请别怪我这么市侩，开口闭口谈的就是效益、成本、库存、费用。

如果企业日常运营动作无法落到实质绩效，那么都是空谈。

你说CSR（企业社会责任）？那是另外一个领域的议题。简单来说我们要的不是让老板感动，而是要让公司省钱、赚钱，这才是正义。

- 快速换模换线是手段，降低库存才是目的。
- 降低人员疲劳度是手段，稳定生产效率才是目的。
- 重整产线Layout（布局）是手段，提升物流效率才是目的。

- 提高人员作业编成效率是手段，提高产能才是目的。
- 强化治具精度是手段，降低产品不良率才是目的。
- 4S 活动是手段，提高找料效率才是目的。
- 大部屋化活动是手段，缩减所需人力才是目的。
- 备料员制度是手段，提高产线生产效率才是目的。

如果我们只是单纯缩减换模时间，看到 60 分钟变成 15 分钟就拍手鼓励，那么三个月后最有可能看到的情况是什么呢？因为缩减时间对现场的生产没有什么影响，既不用加班也没有降低生产批量、提高换线次数，所以慢慢地 15 分钟变成 20 分钟，20 分钟变成 30 分钟……最终我们回到最初的 60 分钟。

1-7

改善不是照抄就有用？
你还活在"中体西用"的年代？

从 2011 年开始，我在中华精实协会每年都会安排一趟五天四夜的"精实管理见学"之旅。

近十年来总是年年爆满，每年一整团 40 多位的各企业老板、经理人，在我们的安排下前往日本爱知县的丰田汽车元町工场或堤工场、爱信精机（世界 500 强，丰田集团公司）与电装（世界 500 强，丰田集团公司）的第一线制造现场观摩，同时与对方高层管理者们会谈交流。

因为每年参与的公司大不相同，可能有汽机车相关、食品业、科技业、手工具业等跨产业行业，所以我都会安排大家在每日回程的游览车上分享心得，以下是我帮大家整理过去十年来参访心得排行榜人气最高的前三名：

- ◆ 我觉得他们工厂里的无人搬运车（AGV）好厉害，让工作节省非常多。

- 他们的1 200吨冲床怎么可以都没有声音？
- 工厂里面大家都自动自发，然后各种屏幕、灯号指引工作好方便。

不知道为什么，我每年在车上第一时间听到这些意见时总会想起历史课本，课本中曾提到1840年鸦片战争后，清政府中有许多有识之士看到欧美各国的强大后纷纷提出各种改革的思想策略，例如魏源的"师夷之长技以制夷"，与后续洋务派运动大将张之洞的"中学为体，西学为用"都十分有名。

然而有名不见得有用，从结果论来看，对于学习"夷之长技"并期待能够赶上船坚炮利列强的清政府来说，最终还是多次吃下败仗甚至最终遭受被推翻的命运。

站在150年后日本的土地上，仍旧需要诚实面对在制造领域上我们仍在找寻一条富国强兵之道的现状，但是前人犯过的错误，我们可以通过不断反省实践而避免。

因此每年在游览车上听完所有团员的心得后，总会留下后面这三个重点希望大家带回去。如今，我也希望能够在书中把这样的想法提供给各位读者参考。

你可能参加过各种工厂观摩活动、看过许多报纸媒体对于明星企业的报道，但在照抄模仿之前，这三件事情请您想清楚。

了解立足点的差异

日本丰田汽车 2017 年度在日本生产近 287 万辆乘用车。许多企业看到丰田汽车在管理上的高效率，如果只是想照单全收，硬是把"一个流生产"、后补充生产方式、广告牌管理等导入自己公司，那就像削足适履般痛苦。

依照我过去在企业辅导过程中实际看到的立足点差异，以下列举提供给大家一一检核参考：

- ◆ 丰田汽车是客户端（中心厂），你是供应商还是客户角色呢？
- ◆ 丰田汽车单一车型（产品）单月就有破万辆的需求量，你家产品的需求量呢？
- ◆ 丰田汽车对于材料供应商有议价能力，你能够对钢厂讲话大声吗？
- ◆ 丰田汽车的工厂只做丰田的车，你公司有多少个客户需要应付？
- ◆ 丰田汽车与供应链有密切且稳定的关系，你觉得你公司跟厂商的关系呢？

我们看到的是 21 世纪初期起丰田汽车的强盛，但此刻的它已是航空母舰等级，如果你所处的公司还是艘小渔船，那么与其追求船坚炮利，倒不如想好怎么才能渔获满舱会更加实在。

当你认清自己的现状与模仿对象的差异时，才有办法避免一头热地只想全盘复制，而是能够谨慎地知道立场的不同，进而撷取到真正的重点。

知道工具的适用性

如果能够先认识到立足点的不同，后面我们才能冷静地检讨各种管理手法、设备机器等工具的适用性。

例如前面所提到的，许多人会羡慕日本丰田汽车导入大型设备时的完善规划与配套工具，但如果日本丰田汽车的堤工场年产 37 万辆，台湾地区国瑞汽车年产 12 万辆，相差三倍的产量。我用一个最简单的算数解释规模差异造成的影响，例如 1 200 吨的冲压设备如果在日本设定两年为设备摊提年限，那么相同的标准放到台湾地区就需要六年才能摊提完毕。

可是瑞凡，一款车的改款规律大多为"两年一小改，四年一大改"，你说设备或模具要花六年才能摊提完毕，下一款可能都已经上市了！

又或者在日本、中国大陆的制造厂因为生产数量多，需要的是高速生产的设备。然而如果在台湾地区的生产量仅有日本的三分之一，那么购买相同的设备反而会适得其反，要么产生过多库存，要么让设备闲置。

就好比你的电视只有 VGA 接口，却买了 PS4 电玩主机回家一样，得不偿失！

所以这几年我们在台湾地区辅导企业时，不断提醒经营团队要选择适合自己的机器设备、管理原则。

单纯照抄不叫改善，因为"改"这个字就是要提醒你针对需求做出调整才谓"改"。

关注管理的大原则与小细节

当我们清楚了解立足点的差异（市场环境、趋势及自身优劣），同时也谨慎选择适合自己的管理工具、机械设备，这些都做到后你可能会想问："向标杆学习是件好事，那究竟我们要学什么呢？"在这边我建议大家可以关注一大一小两个原则。

大原则：万变不离其宗的原则

面对制造或服务流程，企业是怎么做到顺畅不停滞中断？如何让人与设备的效率优化？需要的东西如何在需要的时候只提供需要的量？这些问题是不论工厂老板、医院经营者还是物流业者都想一探究竟的管理原则。

"转化"是过去十年内我在顾问生涯中所获得的最重要的能力，随着看的企业越多，就会发现大家所在乎、所努力的方向其实都很相似。因此如果说要向标杆学习，那么这些绩优企业如何应对这些通则性问题就是一个值得参考的地方。

小细节：因地制宜的细微小处

如果你仔细观察，不论是企业参访，还是在巷口吃个阳春面，都能够让你有所收获。

例如近日我到海底捞火锅用餐，看到他们为了增加翻桌率，而做出一小时内用餐完毕打七五折、90分钟内用餐完毕打八五折的措施，就让我觉得这些措施也许就值得某些以贩卖服务时间为主的企业借鉴参考。

又或者去年底我对日本丰田汽车厂房内所悬挂的大型镜面半圆球感到好奇，后来驻足观察就发现这是取代路口凸面镜的功能，因为悬吊半空的视野能更好避免死角产生，或是在堆高机前端用激光笔投影出安全距离等等。我回来后向许多企业分享这些极具巧思创意的安全提案。

单纯照抄，只是模仿，不是改善。还请各位回到自身工作或企业时，务必记得这件事。

M

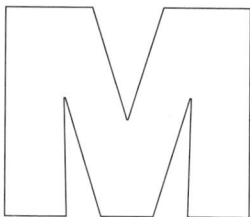

改善活动中的"守·破·离"

"江老师，我们想要在公司内部推提案改善，希望通过这个方式让现场有机会反映自己的想法与建议，当然也要让公司能够因此越来越进步。"方协理作为某医疗器材制造厂的二代接班角色，她通过朋友推荐及网络搜索找上我们团队，希望能够替公司下一个黄金十年建立内部经营管理的良好体质。

"那公司对于改善提案有打算具体要怎么做吗？"我在公司会议室内丢了颗直球进行对决。

"目前就是希望让各单位每个人都能够自己提出想法，所以我们并不会局限主题，希望大家能够至少一周提出一个提案，不分题目大小或部门差别。"协理坦率地说出她的想法。

"副总，这样不行啦！坦白说，如果一开始就走提案改善制度，半途而废、无疾而终的例子真的很多……"

当天现场还原就到这边，你可能会纳闷明明许多报纸媒体、管理类书籍都会提到丰田汽车之所以能够独霸一方，在于他们拥有来自现场质量兼具的提案改善制度："创意工夫提案制度"，方副总说得没错，就是让现场每个人能够提出自己工作上不方便、不满、不安等问题，进而逐项解决，让效率、质量提高的实战派做法。

但为什么我听到后却在第一时间就不建议他们这么做呢？以下是常见的三种失败原因。

没有框架就漫无目的漂流

其实上文所提到的场景并不特别，相反地我还见过不少呢！

许多企业老板或中高层管理者总会觉得让现场的员工自行提出问题是一种"开明"的做法，甚至会搭配提案奖金的发放，于是一时之间洛阳纸贵，提案单被抢夺一空，几日后"赏金猎人"们带回的"猎物"可能包含"厕所日光灯不够亮""茶水间的茶包可以换牌子吗？太难喝影响工作效率"等。

作为管理者的你觉得真心换绝情，为什么大家拿你的开明当玩笑？但现场反而觉得你口口声声说要大家放开心胸提出问题，怎么翻脸不认账？于是本来的一桩美事到后来变成公司的裂痕。

自从有了两个宝贝小孩后，跟老婆一起负担教养的责任时才懂得："所谓的自由是建立在严谨的规则之上的。"

"吃饭时要坐在椅子上"是我们一开始就刻意表现出的习惯，让小孩适应，而不是等到他们乱跑，大人在后面拿着汤匙跟碗拜托他们吃饭时才要他们坐回椅子上。"在停车场就一定要跟爸妈牵手"是在安全前提下不能退让妥协的规则，至于其他时候让小孩追赶跑跳碰，则是他们探索世界的过程。

回到提案改善制度，如果在一开始没有目标明确、规划周详，那么就很容易一开始就"阵亡"。

举例来说第一季度请各单位在自己的工作范围内针对"安全"进行提案改善，第二季度则是针对"质量"，第三季度针对"工作困难处"等。如果一开始没有把航向设定清楚，那么公司就会像艘在宇宙中漫游的宇宙飞船，内部做了许多"功"却无法推动大船前行。

张口就批评不如想方法

另外一种常见的失败场景是公司明明有限定框架，让各单位在各自工作范围内发挥，但仅要求每个人设法提出问题，却没有要求大家针对问题提出自己的改善的想法、对策。

"台湾不缺抱怨的人，缺卷起袖子做事的人。"你可能对这句由知名讲师、主持人谢文宪（宪哥）提出的金句感到熟悉，那是因为打开电视从第50台到58台，政论节目的名嘴们针砭时政时头头是道，总是"这样不行""那样不对"，但却没有太多实质解决方案产出。

公司如果仅是让大家提出"这样不行"的方案，那么谁都做得到。但如果是要让公司在经营端成长、在人才面育成，那请务必别忘了在提出问题的时候告诉大家"怎么样才可以呢?"的答案，并且通过自己的双手去验证可行性，成果才是真正能拿出来的证据。

主管的回馈机制是否健全

刮别人胡子前也要想想自己胡子在不在，最后一种常见的失败原因就是公司老板、管理者们自己不认真对待员工的提案。

虽然每个管理者平日公务繁忙，要查核确认的事情多又辛苦，但只要"你认真，别人就会当真"。

谨慎评价每个团队成员的提案可行性，了解背后的原因，通过反复的交流建立彼此的信任感。下属觉得这是个直接且可信的回馈管道，你知道这是不隐晦而真实的问题显现，如此一来就能够推动正向循环，解决越来越多的问题。

勿以善小而不为，仔细且慎重地面对每一个改善提案，这才是这个制度希望建立的团队文化与价值观。

先求 Top-down，才有 Bottom-up

台湾福兴是全球最大的门锁制造商，同时也是我们长期合作的客户。朱总经理就曾分享他们公司是怎么推动精实管理的改善活动，我觉得非常值得各位借鉴，因此特别写出来跟大家分享。

推行精实管理时是 Top-down（自上向下），由管理团队主导设定题目、确定目标、挖掘问题、思考对策并执行，当然初期会遇到公司各级同事对于改善的抗拒，但因为管理阶层的强力支持与决心，让大家不得不确实执行。

然而两三年后，当大家把精实管理内化成工作习惯甚至管理常识时，取而代之的是更多的Bottom-up（自下向上），有许多第一线同仁更接地气、更直接的建议与想法会浮现出来。

日本武术经常提到的"守·破·离"概念，其实就很适合公司推展各种活动改变时应用：

- "守"：依循师父的规则，明确执行
- "破"：在规则下加入自己的想法与经验
- "离"：顺应趋势或环境，发展出新的战法

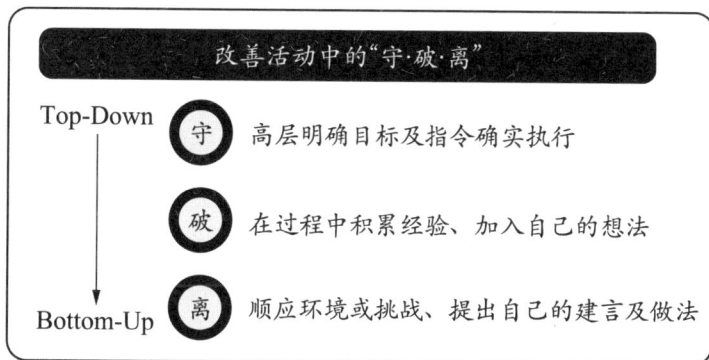

改善活动中的"守·破·离"

Top-Down

守 高层明确目标及指令确实执行

破 在过程中积累经验、加入自己的想法

离 顺应环境或挑战、提出自己的建言及做法

Bottom-Up

所以别再说要让大家畅所欲言，别再只是一厢情愿地觉得说说就可以建立避免一言堂的环境。

如果公司或团队连最基本的目标及标准都无法建

**立与执行，就放手让大家自由发挥，到最后肯定会
成为一场难以挽回的灾难。**

作为管理者，Top-down 不是权威独裁，而是你不可逃避
的领导责任。

Bottom-up 则是在一定实力基础与成果展现后，你作为管
理者所能回馈的甜美果实。要怎么收获，先怎么栽！

第 **2** 章

消除浪费

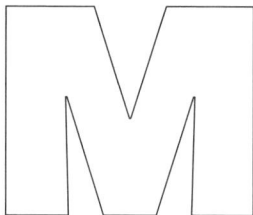

团队成长是管理者
不可逃避的责任

先把警语说在前头，这篇文章语气偏重，如果您是企业经营层或公司主管层请谨慎阅读，避免"玻璃心"破碎。准备好了吗？以下是正文：

如果我说企业顾问就像是老师的角色，我想应该蛮多人能够同意我的说法吧？毕竟都是凭借专业，通过教学带给有需要的人学习成长。如果企业顾问是老师的角色，那么公司团队应该就是学生的角色，而企业经营层就如同学生家长的存在。毕竟学生家长总是望子成龙、望女成凤，老板自然也希望公司内部每一位同仁都能够好好表现，成为优秀的人为企业成长尽份心力。但这中间，家长的角色其实非常重要。

有效成长的关键是高层参与度

联华食品是我长期担任顾问的企业，在本书中已经提到数次，但他们就是因为难能可贵才足以让大家学习。也许你会很好奇我们辅导的过程为企业创造了多少效益才让他们愿意长期合作，又是使用了什么样的工具、系统、套路、观点才能够让对方信服。

如果你想知道数据化的成效，例如在库存低减、空间腾出、人力释放等方面，其总计有超过 8 位数人民币的效果。谈数字不伤感情，只是我们更在意在数字下所隐含的无形成果。

因为联华食品经营团队的积极参与，加上我们的辅导指引，我们创造了一个"体系"，让所有员工能够使用的共同沟通工具，以及面对问题的敏锐度，还有解决问题的手法能力，这些让联华食品形成一个能够自给自足的生态圈，就算面对外来竞争或挑战，相信自己都有力量响应。

而能够形成这样的体系，重点就在于高层参与程度。

以我过去近十年对两岸超过 200 家企业的诊断、辅导经验来说，如果你要问我有没有什么秘诀能够快速判断一家公司成功或者失败，我会偷偷告诉你，当我第一次踏入对方公司会议室，我只看列席人员，就大概有 87% 的正确判断率。

如果对方没有协理以上等级参与（副总层级以上尤佳），往往改善活动会面临基层抗拒、沟通不良、进度缓慢等问题。而联华食品打从 2013 年开始，超过 70 回的辅导月会，总经理、副总及协理群几乎无役不与，你要说御驾亲征让团队士气大振也行，或是让团队每个人皮绷紧也好，成果就摆在这。

别马上就扣给我一顶"外部顾问就只会高谈阔论"的帽子，我的确很实际地在阐述，一家企业组织推动任何活动时，都需要经营层的支持。

更别说企业里存在许多"风往哪边吹，哥往哪边倒"的骑墙观望派，一个中大型的改善活动，往往是经由跨部门、跨层级的合作而得。需要高层参与的用意在于决策定夺，兵贵神速是因为指挥体系的畅通与实时，如果大小决策都会听到："这个想法我可能需要跟我们主管确认一下再回复您。"那敌人都已经兵临城下了，高层主管再发"朕非亡国之君，臣乃亡国之臣"之叹也无济于事。

就像教育并不是把孩子丢给学校的呼吁一般，两岸家长多以为教孩子是老师的责任。其实推动改善活动也是一样，不只是企业顾问的责任。如果你问我最怕遇到什么样的企业客户，"付钱了事"的老板绝对是我最害怕的类型。

因为这种做法会遇到以下三种问题，也提供给各位想推动改善的老板或经理人们参考。

高层不参与造成反馈时间拉长

如果老板或任何对决策有实质影响力的主管不能亲自参与，那么对于改善活动最直接的影响就是反应时间会变得很长。

每次开会，外部顾问提供的意见或做法，都会得到公司团队的一句："这个我们没办法做决定，回头我跟主管报告一下再说。"

要么时间拉很长（兵贵神速啊大哥），要么就是主管因为没参与所以听不懂、搞不清在做什么，最安全、最保险的做法就是打回票。如此一来，前面大家花费的方案讨论、现场研拟等都会轻易泡汤。

委托代理难以全力以赴

曾有企业高层问我："顾问，你有承接政府项目吗？"他贴心地怕我听不懂，还解释说："就是那种政府补助50%，厂商自筹50%的案子。"我回答他曾经做过，但后来决定放弃，把顾问工作珍贵的时间放在更好的选择上。

为什么我会这么说？

因为企业方无需全额支付顾问费，所以不会珍惜这样的合作机会。同样地，如果公司老板又把这样的项目委托给内部主管代理，主管们也不容易认真执行。

《钢之炼金术师》里提到的"等价交换原则"，唯有你付出重要的代价，你才会把你的注意力放在上面以交换等值的成果。

主管不追踪，员工就会好吃懒做

你作为主管，用心在公司规划读书会、品管（品质管控）圈、课程，或是直接聘请外部顾问进行指导，希望能够为同事们提供更多的学习资源，期待大家吸收后能够为己所用，在自己的工作领域创造更大的价值。

　　但是就如同社会福利补助如果无限制提供，反而造成"养懒汉"现象一样，唯有公司老板或主管持续追踪其效果，才能避免如同烟火般绚丽却短暂的效果。

M

不要当报表怪兽，
现场才是你的对手

网络的快速传播，让所有人能够更快地接获世界上许多新信息，但这也衍生了许多真实性的争议问题。跟大家分享一个知名案例，事情发生在 2014 年的 7 月，杰伊·布兰斯科姆（Jay Branscomb）在脸书上刊登了这么一张照片，照片中有一个人倚靠在一只看似死亡的三角龙身上，信息写着："这是一张可耻的猎人及他刚刚屠杀的三角龙的照片，请分享！好让全世界找到这个可耻的人类。"

消息一出，有四万多则分享，许多人大力挞伐并且写下诸如此类的回应：

可耻，难怪恐龙会绝种，这样病态的人应该被关在监狱里……

他才该死，美丽的动物活了几百万年，结果就被他杀了……

可是瑞凡，照片中的人是史蒂芬·斯皮尔伯格（Steven

Spielberg），他是《侏罗纪公园》的导演啊！再说恐龙已经在世界上灭绝超过六千六百万年了。当然，我们也都能猜到分享或回应的网友当中有部分是故意搞笑而为之，但也不能否认同样也存在人云亦云的沉默螺旋。

当然你还有可能会说："这不过只是网络世界而已！"但其实回头看看企业组织的决策过程或是问题分析能力，同样也非常容易受到信息或是情报的真实性影响，或是在传递过程中失真，甚至是分析者解读问题的角度不见得正确。

"三现主义"，到现场去解决问题

正因为有以上这些风险在，所以我们所常见的日本知名企业，特别是丰田汽车，都非常强调：

"现地""现物""现认"的"三现主义"。

什么是现地？

原定的出货时间有所延误，客户方面针对公司进行罚款。相关单位的检讨报告怪罪现场人力编制效率不彰，但现场实际观察所发现的问题，是换模换线过长所导致的生产延误。

什么是现物？

公司的产品送到客户手上，整批货因为品检未过而被退回来，老板在会议上大发雷霆。此时制造单位跟品管单位统一口径，把问题推给设计单位，认为是之前设计变更造成的。但其实在现场我们看到的，反而是制造过程中因为设备加工的位置偏移，造成产品尺寸精度不够。

什么是现认？

库房的零件突然断料，让制造现场停线超过两天的时间，最后是靠紧急空运应急。采购单位说"明明 ERP 系统里面这个零件就还有很多"，结果是制造现场之前领料后并没有确实扣账，料账不符才酿出大祸来。

上述的例子，在过去进行企业辅导的过程中屡见不鲜。原因就是企业随着规模扩大、信息系统的建置、管理人员的升迁等，

各单位间出现越来越多的报表、单据、系统数据等，但这些都会让大家逐渐远离第一线。

想象一下，你经营一家咖啡厅整天只窝在柜台里面磨豆子，从不观察客人闻到咖啡香味时的表情、不问喝下第一口时的真实感受，也不了解余韵给客人的刺激，甚至不知道客人喜欢搭配何种甜点蛋糕，你如何能够掌握消费者接受服务时的喜好及行为呢？

而身为制造业的主管，不到现场实际观察人员与设备动作、不去仓库了解库存实际情况，这些表现其实都会让主管及下属们日趋麻木。

最有效率与最有质量的流程，来自现场访查

试着回想一下，在你的公司遇到产品质量问题时，会如何解决呢？多半看到的都是总经理召集品管、制造、生产主管、业务等相关单位，大家在会议室里聚精会神、有志一同检讨本次问题的原因、提出对策。

而如果要说我曾经到日本丰田集团研修一年多最大的震撼是什么！

我会说是"现场"深植人心的威力。

接到客户投诉回复时，公司上至厂长，下至产线主管，不用特别交代，大家都集合到发生问题的产线，直接在产在线检讨问题，提出对策。因为除了不良品本身呈现状态外，机器设备的运转状况及条件设定、作业人员的工作手法、物料零件的溯源等等都是变因。

现地、现物、现认的三现主义造就了日本工艺的成绩。

你是不是也曾听过"现场"的重要性，但自己到了现场却常常无所适从。究竟到了现场应该看什么东西？要怎么看呢？在这边我特别提供三个重点给各位参考：

```
┌─────────────────────────────────────────┐
│  ▄▄▄▄▄▄▄▄▄▄▄▄▄▄▄▄▄▄▄▄▄▄▄▄▄▄▄▄▄▄▄▄▄▄▄▄    │
│  █           现场调查              █    │
│                                          │
│   ⬤前   带着问题去现场                  │
│                                          │
│   ⬤中   不把现场当作理所当然            │
│                                          │
│   ⬤后   聆听他人意见或重新确认细节      │
│                                          │
└─────────────────────────────────────────┘
```

带着问题去现场（事前准备）

到现场不是参加旅游团，走过、路过却一再错过。

如果你只是带着一颗篮球随意地在球场上各个位置投篮，那么就算有一万小时也不会让你成为斯蒂芬·库里（Stephen Curry）。"刻意练习"通过设定各种问题逼自己应付，才有办法找出弱点从而成长。

带着问题到现场也是相同的概念，每当要到现场前，可以先设定今天的重点是针对设备状况进行确认，注意物料在库位存量多寡，抑或是间接单位的流程耗时。

带着问题，那么到了现场就可以针对问题来发现可能的解决办法。

不把现状当作理所当然（运行时间）

某家汽车锻造件制造厂，在顾问推动改善时，就曾经针对产品需要经过二次打砂作业（除锈）的流程提出质疑。

而内部团队也很努力在现场针对这个已经流传十多年的作业方式寻找线索，这才发现，原来是因为磁探作业后的半成品堆栈造成。

于是公司试着将作业区域整并，取消半成品堆栈后，让流程直接简化取消一次打砂作业。这样不仅减少人力需求也降低了半成品库存。

如果仔细分析现场，你可以发现即使是行之有年的做法，也有翻转与改进的可能。

询问他人想法或重新确认细节（事后检讨）

对于巡视现场后觉得仍有疑惑之处，不要轻易放弃。

最值得征询的就是第一线的想法，因为他们是所有方案的执行者，如果我们自觉 100 分的做法在现场推展时却只得到 50 分的回馈，不是指责对方的不是，相反地更应该检讨自己。

在凯馨实业鸡只分切作业后，人员需通过触碰笔点选屏幕，打印相对应规格的卷标，通过现场作业员的回馈后，这才发现容易有重复打印、点选错误的问题。

正因为有第一线回馈及相关细节的确认，因此迅速进行修正，而让因标签出错造成入库品项数量需重新确认这个问题得以解决。

发生问题时，不论有多少检讨报告或数据，身为管理者的你都应该亲临现场查看，用眼睛检验对错、用嘴巴询问证据、用耳朵聆听意见，不仅会让自己的决策质量更加提升，也能够让员工对管理阶层产生信任感，形成患难与共的团队气氛。

别再当报表怪兽，现场才是解决问题的对手。看完这篇了吗？一起到现场走走吧！

2-3

—

M

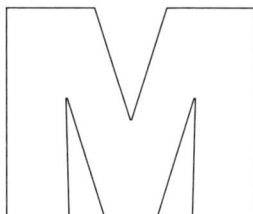

浪费不是我以为的，
价值是客户说了算

　　"顾问，可以请问一下吗？"王课长很客气地举起手，在我对这家电子检测设备制造大厂进行诊断的会议上，我看得出他压抑在礼貌语气下的困惑与愤怒。

　　因为我在五分钟前才在他们家董事长、总经理及一级主管面前，提出我对于他们产品制造流程的问题指摘及建议，身为制造单位主管的王课长其实在我侃侃而谈时，就已经欲言又止了。

　　"没问题啊！你问。"过去几年大大小小的企业会议参与经验，让我心中大概知道他想说些什么。

　　王课长站起身来脸涨红地说："顾问你刚才说我们很多组装到一半的设备都是浪费，可是不管从生产管理单位的排班还是品质保障单位的要求，这些都是必要的程序。"然后他吞了吞口水，"怎么你一来就说我们这样做不行，明明我们也都在赚钱。"最后他小声地嘟囔着。

我笑了笑，王课长应该是第 625 914 个对我说过类似话语的企业主管。其实每个人都一样，要你突然改变作业方式，或是有人处心积虑地想要告诉你过去的做法不行、有问题，你肯定也会产生抵抗的心理。

所以我们就要来谈点实际的东西才能让王课长信服，我们就从过往企业界很常使用的人（Man）机（Machine）料（Material）法（Method）——"4M"来谈起？不，我们先来谈谈"你有梦想吗？"对不起那是安利。应该是："你知道什么是产品的价值吗？"

什么是产品的价值？价值分析法

如果你公司做汽车钣金件，那么客户买单的是你把板材冲孔、成型的能力。如果你卖蛋糕，那么客户买的是你搅拌面糊、烘焙成形、包装运送的能力。

有没有发现当我们站在自己的角度去看自己所创造的价值时，往往会落入自我感觉良好的窠臼中。这就像一张我很喜欢的讽刺漫画一样，父母站在婴儿床边看着新买的安抚玩具，是四只会绕圈圈的可爱动物，爸妈开心地说着："你看！我们家女儿多喜欢这个新玩具。"而漫画右侧小女娃的内心独白是："把那东西给我拿开，我不想一整天只看到那该死的屁股。"

今天我们来用个更简单的方式来检验产品制程中的"价值含量"，甚至可以说是我过去诊断超过 200 家企业的不传之秘，"价值分析法"。

首先我想先问问大家，你知道公司产品从原材料投入到成品产出的流程中有哪四种状态存在吗？先好好思考一下，不要轻易地就说出固态、液态、气态。

答案是：搬运、停滞、加工、检查，而我们就要从这四个流程来分析如何给客户创造价值。

	搬运	重点	必要，但无附加价值
		对策	设法缩短或消除
	停滞	重点	牺牲公司机会成本，投入无法转成收益
		对策	减少生产采购批量，需要东西在需要时只生产需要的量
	加工	重点	客户付钱的原因
		对策	消除浪费、提高效率
	检查	对策	非客户要求的检查，无附加价值
		对策	品质靠制造出来，而非靠检查补救

"搬运"的价值分析

搬运是一项企业在内外部流程中都必然会发生的作业，除非你公司所有人都念过霍格沃茨魔法学校，拿着魔杖，嘴巴念着"速速前"，东西就会自己跑到面前来。

不然你终究都需要依靠人力或设备来完成从 A 点到 B 点的搬运作业。然后搬运就像你的 PS4（电子游戏机）一样，对你来说很重要，但对女友（客户）来说却没有价值。

我常在企业辅导或是授课时告诉大家一个最简单的问句句型，来检验这件事是否有价值："×× 在我们公司内花了很多人力时间，价格上我们可能要加 5 块。"请问你觉得客户愿不愿意接受你的这个说法？

如果拿搬运来说，就会变成："搬运在我们公司内花了很多人力时间，我们 20 台堆高机、32 位搬运工在负责厂内大大小小制程间的搬运，价格上我们要把单价加 5 块钱。"

这时候客户修养好一点的会说带回去讨论看看，直接一点的会告诉你："关我屁事？"所以搬运这事我们必须做，但却要谨记对客户来说是没有价值的、不会买单的。

"停滞"的价值分析

不论原料、半成品还是完成品，公司内部流程中总是充斥着各式各样的停滞，原料放在仓库放到生锈、变质，半成品发料到线边仓却没能实时使用，完成品却迟迟无法出货。

简单来说，物品的停滞状态，牺牲的就是企业的时间成本，投入成本却迟迟无法转化成收益。

而一般客户并不会为此买单，所以停滞是没有附加价值的。

但是，人生总有例外，有些产品虽然是在停滞状态，但其实是在进行"转化"(加工的一种形式),举例来说红酒、普洱茶、酱油等的停滞状态,反而对客户来说是有价值的。

或是像我的前客户东立物流,在台北港进口各家车厂的车辆,再送至经销商前的车辆停放虽然属于停滞状态,却因为能向客户收费,所以反而是有价值的。

"加工"的价值分析

前面已经提过,加工泛指我们把原材料转化成客户需求产品的过程,既然这过程是制作客户需求的产品,那么自然是有价的,在此我们就不再赘述。

"检查"的价值分析

严格来说检查是没有附加价值的,因为如果我们能够在加工过程中就把质量给顾好,那么就无需另外进行检查。

但鉴于许多电子业往往会在合约中就已经把检查项目、方式及频率议定好,那么检查就不能说是没有价值的动作。

所以我们重新定义,"如果是我们因为担心制程能力、保存条件等所做的额外检查动作",那么这样的检查就属于没有附加价值的作业。

虽然说专注完美近乎苛求,但苛求的应该是制程中对于质量的追求,而不是通过事后手段去完成。过去到大陆出差时,甚至还发现某些汽车零部件一进厂,进行 300% 的全检,也就是制程中进行一次 100% 全检，出货前需要再次进行全检，最后送到客户端时还要协助客户进行一回 IQC（进料检查）的全检。

你就能想象有多少成本耗费在检查上，这些能不影响企业经营成本吗？

诸君，请听在下一言，浪费真的不是我们说了算，是来自客户的评价。

而今天介绍给大家的"价值分析法"，通过拆解流程中"搬运""停滞""加工"及"检查"，带大家了解何谓价值。

那么我们在接下来的改善活动中能做的，就是提高"加工"的占比，让其余三项的比例降低，这才是企业最有效的提升效率之道。

最后，如果你是服务行业，也可以试着运用价值分析法去分析客户从接触我们服务到体验完毕的整体流程，相信会让你有意外的收获哦！

2-4

M

不合理的要求是磨炼？
何不简单做、容易做？

"你各位尔后自觉啊！班长不合理的要求是磨炼！"看到这句话有没有让你想要拿板凳、放好板凳、坐三分之一板凳，然后以眼就书仔细看我接下来要谈什么呢？

每家企业总是随时随地希望让效率提高、质量变好，但如果只是单纯用高压暴政去压迫第一线的工作方式，绝对会产生副作用，甚至是反效果的。我们今天要谈的是丰田集团内部找寻现场改善的切入点之一："不合理"（Muri）。

顾名思义指的是当我们追求过于苛刻，甚至要求不可能的目标时，反而会伤害原有效益，甚至无法带来附加价值。

2018 年，一起货车司机因疲劳驾驶未注意路况追撞正在执行取缔作业的警察，造成警员两死案件，就是血淋淋的真实印证。其实这家货运公司对于所属司机的严苛要求（工时、开车时速等，例如案件中该名司机已连续工作 22 天），我早已有所耳闻。如果一家企业是通过压榨劳工的方式获取资方最大效益，那么成本外部化的结果就是全民受害，像是业务过失伤害、业务过失致死的案件在这家公司层出不穷，数字背后心碎的是好几个家庭。

你可能会问说："可是到底什么叫作不合理，这应该因人而异吧？"

的确，不合理本身就是一个形容词，所以如何解读合不合理在企业界有时会看老板脸色而定。毕竟如果你在吕布军中七进七出、出生入死，老板可能觉得："这有何难？我也可以。"场景换到刘备军中，你七进七出救出刘阿斗，刘备见到你定会痛哭流涕把小孩丢地上说："为汝这孺子，几损我一员大将！"你在公司里如果大老板觉得你差强人意，小老板对你非常满意，你一定是"黑人问号脸"。

那我们究竟怎么判断合不合理呢？

员工怕麻烦：造成身心负担

2013 年时我们曾在台湾地区最大轮圈制造厂做过一个前后制程合并的改善案，以前作业员需要把轮圈从 A 机台取出后放入 B 机台，看似简单的作业一天要做 1 000 次以上！重点是一颗轮圈重达近 20 公斤！

简单换个单位来呈现，也就是现场的大姐每日需要有负重

20 吨的体能表现。那时我们不禁跟公司主管开玩笑表示，以后要培训举重选手不用在左营训练中心，直接到公司来上班就好。后来每当我们到现场去，这条产线的大姐总是开心地跟我们打招呼，因为我们让她减轻了许多工作负担。

其实不论什么样的工作让谁来做都会有烦恼，很多时候大家之所以不说是因为"以前一直这样做"的习惯持续照旧。

所以寻求现场改善的切入点之一就是重视"不合理"。那些让大家害怕与麻烦的事，其实就是造成大家心理负担或生理疲惫的工作项目。

想要提高工作效率吗？就是重视这些让员工苦恼的有负担的工作，让他们变轻松。

员工最怕：花费时间过长

某天，公司老前辈突然从你旁边的办公桌站起来告诉你："看我倒咖啡给你看。"于是把咖啡杯放在地上，用一片 DVD 盖在杯口，慢慢地拿起咖啡壶悬空倒咖啡，每一滴都从 DVD 中间的孔洞入杯，而 DVD 竟然丝毫未沾。你觉得这太酷了！于是开口问老前辈说："要练多久到底？"老前辈轻蔑一笑："我亦无他，惟手熟尔。"

曾有某家公司的采购人员在辅导会议上大吐苦水说："其他单位永远都不好好填写采购单，所有内容我们都还要打电话

——确认，结果你们还跟我说以后会越来越快？"

我在旁边听完后点点头赞同她所提出的问题，因为并非所有的工作都一定需要经验火候才能熟练：

有时候我们应该检讨的是工作本身的设计，而非放任其他人人为地增加难度。如果一项工作需要花费过长的时间才能让员工上手，这就不是种好的工作内容，有改善的空间在。

员工欢喜做、甘愿受：工作简单做、容易做

我过去几年不论在传统制造业、餐饮服务甚至是房地产代销等公司，都提倡工作设计应该要"简单做"及"容易做"，这才符合现代就业环境潮流，更能够让企业适应变化。

过去我们熟悉于人在同一家公司内慢慢磨炼累积战功而晋升，甚至不太需要担心离职问题，但现在职场流动性之高，对于所有公司内部工作都是一种挑战。你能想象你生产出一堆村民、战士，结果被对方僧侣招降，而心力、时间血本无归的感觉吗？我还曾经遇过台资企业老板哭诉底下员工300人，返乡过年后只有30人回来上岗的悲惨遭遇。这不会是特例，甚至将来有可能成为常态。

"简单做"谈的是工作流程、方法、工具的简化。

如果可以用气动扳手就不要用手转螺丝。如果可以删除、简化、合并、重组的工作项目就不要客气地去改革。因为工作设计得简单，就会减少基础技能养成的培训时间，同时也会减少人员长时间工作下的疲累，这样企业面对人员流动或外劳聘用时，才能够应付自如。

"容易做"则是面对第一线所反映的困扰、苦水时，设身处地思考如何能够协助解决。

例如当公司年轻业务员都在抱怨公司 KPI 为什么要设定每天拜访客户数量时，不是先倚老卖老说年轻人干事情没有恒心："我以前刚出社会的时候……"（下略 500 字）

而是协助了解：为什么他们会这么说，背后的原因是什么？可能 FB 广告、Line@、Youtube 等社群软件能够达到更好的效果，只是过往公司不懂或不重视而已。

组织内部每个人都是趋吉避凶，不只是军队里面才会有这样的情况。作为企业经营或管理者的你，别再把心力放在抱怨一代不如一代，而是要学习日本丰田集团进行现场改善时的做法：找出"不合理"，不管是减轻作业者的身心负担，还是减少基础技能养成时间，让工作简单做、容易做会是根本解决之道。

加油！

M

不稳定到稳定输出，
是公司成长的第一步

　　如果你有关注运动比赛，不管你喜欢看 NBA、职业棒球大联盟还是其他运动，是否曾经注意过有些职业运动选手属于"骰子型"选手？举例来说像是 NBA 中的 J.R. 史密斯（J.R.Smith）掷到六的时候连科比（Kobe）都能比下去，掷到一的时候失误不断、浪投不断，我想连他自己都不知道自己今天上场会"虐杀"对手还是"凌迟"队友。

　　1911 年挪威及英国的探险队分别挑战世界首位攻上南极点的荣誉，挪威的探险家们每天不论天气好坏都推进 15 至 20 英里，然后英国的探险队则是天气好时尽全力赶路，天气差时扎营不前进。最终挪威探险队在 12 月成为第一支攻上南极点的队伍，而英国呢？五位队员全数在路程中罹难。

　　三天打鱼两天晒网的行动方式，无法养成团队的纪律及执行专注力，遇到挫折或不顺遂时就容易把问题归咎到外在因素（气候）上，属于谋事在天的外控性格。而挪威探险队则是代表光谱另一端的内控性格，觉得事在人为，通过要求自己而非看天吃饭，才能达到稳定输出的表现。

回到我过去十年内曾经合作过的公司，不可能个个全垒打，都有显著的成长成绩单。有的企业只做短期绩效，然后日子长了就说："忙的时候说没空做改善，不忙的时候说没钱做改善。"

但有更多公司知道推动精实管理，是一个一开始就不会停的历程，可能第一年披荆斩棘，第二年逐渐积极，到了第三年花开遍地。根据我非正式地统计，截至本书出版为止，我手上合作超过五年以上的企业辅导案就超过八家以上，一起走过 2008 年金融海啸、2009 年欧债危机、2012 年油电双涨、2014 年日币重挫、2017 年一例一休到 2018 年的中美贸易战。不论外在环境如何变化，但这些公司总能够持续且稳定地交出优异的经营成绩单。

从运动比赛、探险故事到企业经营，能够贯穿的成功字眼就是"稳定输出"。

这就是我今天想要跟大家谈的主题：从不稳定（MURA）到稳定才是公司成长的第一步。

企业内有多少不稳定？

回过头来看，其实我们在公司内每天有多少"不稳定"发生呢？

产线的每日稼动率有 30% 以上的差异。客户端因为异物而退货上个月没有订货，这个月 25 件。有时公文老板一天就签下来，有时却要拖个 5 天。

不管是生产制程还是服务流程中的不稳定，往往会让人们浪费各种无效工时、成本去处理，更甚者演变出各种因应之道又是第二重的浪费。

要追求稳定，控制外部因素自然是不太可能的事，除非你是美国联准会主席，否则世界景气变化、汇率调控都与你无关，更不用说有些意外更是无法预测，例如 2011 年的 3 月 11 日日本东北部大地震等都属于黑天鹅事件。

因此我们能做的就是把内部、可控的因素掌握好，如此一来才有办法做到"他强由他强，我自一口真气足"。

客户怎么说、市场怎么变、厂商怎么改，有时我们无能为力，但在自己能够掌控的制造或服务流程中，我们就应该掌握清楚可控范围及程度。

接下来就带大家从内部流程中的四大因素：人（Man）、机（Machine）、料（Material）、法（Method）来关注如何排除不稳定因素。

人（Man）：万恶的根源

电影里面 AI 人工智能总是说人是最大祸根，灭绝人类就可以拯救地球。

其实在企业组织内，老板或顾问讲师们都会说："人，才是最大的问题。"的确没错。怪设备？设备是人买的、是人保养维修的。怪方法？方法是人制订的、是人执行的。怪物料？物料是人采购的、是人验收使用的。说来说去，好像人真的是最大问题，但究竟要从哪儿来看呢？以下是我在企业辅导过程中，汇整的检核重点：

◆　作业能力好不好？

◆　有错误的作业吗？

◆　有问题意识吗？知道何谓正常、异常吗？

◆　有遵守标准作业吗？

◆　作业环境是否让人简单、好做呢？

◆　工作意愿高吗？

◆　与团队其他人的相处情况好吗？

◆　工作是否能够累积知识、技能与经验呢？

从另外一面来看，人是企业组织中最重要的资产，如何让人在工作中稳定产出、知道对错、持续成长，也是管理者的责任。

机（Machine）：自动化时代的重心

企业导入自动化设备已经从趋势变为常态，然而用设备取代人力的想法却更需要在细节上小心，因为一旦我们指派设定给机器错误的方向，反而在"自动运行"模式下产生更大的浪费。设备端的检核重点：

- 生产能力是否适当?（生产过多也是浪费）
- 稼动率好不好?（附加价值时间占比要高）
- 定期维修保养是否有做好?
- 产品要求的质量精度能否做到?
- 设备摆放位置是否符合动线效率?（Layout 规划）
- 设备的安全性是否符合国家标准?
- 设备台数是否适当?（投资过多造成摊提成本高）

料（Material）：不只是供货商的责任

过往许多企业面临与材料相关的问题时，总是把责任第一时间就推向供货商，但是再多规则、检验标准还是无法根本解决。

因此我们换个方式来看看，究竟在材料端我们可以有哪些检核重点：

- 材料零件的质量是否有问题?
- 材料零件的库存量是否适当?
- 不良废弃的比率高吗？是否有减少空间?
- 产线旁备料的量是否过多?
- 生产过程中是否有异物混入的疑虑?
- 材料零件能做到先进先出管理吗?
- 材料零件的储放条件是否清楚标示?
- 材料零件是"什么东西?""放在哪?""有多少?"是否清楚标示?

法（Method）：不论是谁都能遵守的标准作业

"这个，我们家有自己的玩法啦！"对企业来说有相较于其他竞争对手的独特创造价值方式，这可能是出奇制胜的重点。

然而在企业内部如果每个人都有自己的玩法就是很大的问题，怎么让每个人、各个单位都能够有一致标准，我建议可以在方法端从以下几点检核：

- ◆ 作业顺序是否适合、一致？
- ◆ 有比现有做法更好的方式吗？
- ◆ 作业方法是否有固定检讨修正呢？
- ◆ 作业标准是否适当、一致？
- ◆ 该方法与前后段流程的联系是否顺畅？
- ◆ 作业内容是否符合安全跟质量的要求？

不论你的团队或公司掌握多厉害的产品或服务，就当你学到六脉神剑这样的绝世武功，但如果你只能像《天龙八部》里的段誉一样，使用六脉神剑总是时灵时不灵的，那么面对敌手时要怎么应对呢？

公司有好的产品或服务是立足的基础，然后要追求成长的第一步就在于"稳定输出"。就让我们先从内部所有可控因素开始，先求稳定输出，再谈成长获利，加油！

2-6

M

多做的浪费：
你担心太慢，但其实太快才可怕

历史总会不断重演，只是演出的舞台方式有所改变而已。让我们来看看台湾摩托车市场的商业案例吧！以下是来自《工商时报》2014年10月3日的报道资料：

"受到三阳力行'清库存'政策影响，大幅压低新车配销速度，加上光阳、台湾山叶多意愿不积极，使9月机车销售传统旺季不旺，较去年同期重挫近14%，也拖累前9月机车市场成长率由正转负。

"三阳从8月起，刻意放慢新车配销速度，引导经销商加速出清手上的新中古机车库存，市场预计要到年底才有机会消化完毕，第4季机车内销市场不乐观，台湾机车市场连续3年成长的纪录，恐将在今年画下休止符。"

从2009年开始，中华精实管理协会在经济部工业局的委托下，协助三阳机车导入精实管理。

在这个顾问案的接触初期，最令我震惊的是台湾三大摩托车厂商的"数字游戏"。原来我们在报纸新闻媒体上所接触到的每月、每季或每年的销售数字，并非实际销售量，而是车厂从交管部门领牌的数字而已。

以读者们的聪明脑袋肯定能马上想到，那就是三大车厂为了追求销售数字的美化，极有可能在实际需求力道减弱时，通过供给面的增量期望借此刺激消费市场的需求。然而到了2014年第三季，三阳机车宣布不再参与这样的游戏，让市场回归健康且正常的竞争，其目的就是经历精实管理的洗礼后，才深刻感悟到：

"多做的浪费"，会给公司内部带来许多更严重的问题。

多做，会带来错误的安全感

"多做的浪费"在丰田生产方式中名列七大浪费之首，究竟它会带来什么样的影响，让许多企业深陷其中而不自知呢？

因为它会带给人们一种安全感的错觉，进而掩饰公司运营端的各种问题。简单来说，不论是"做太多"还是"做太快"都属于多做的浪费。

你可能会想问"多做至少比没做好"，但在企业管理或个人效率上，资源错置往往就会带来发展性的落差。例如：提早使用原料（时间）、人力与设备的投入、利息负担（库存）的增加等。

这些问题往往来自以下几种错误的概念，读者们可自行检视：

- 各流程间仅在乎自己的速度，不在意前后流程的速度匹配。（白话文：我只要我的成绩单很好看！）
- 追求设备稼动率的提升，不在意需求端是否有订单提出。（白话文：设备很贵耶，怎么能放着让它闲置！）
- 担心设备故障、不良品产出或员工出勤率低，而先做起来放置。（白话文：未雨绸缪，我们来为冬天储粮吧！）

降速生产，反而提升人员效率

食品业是高度设备中心的制造模式，因此当初在参与联华食品的精实改善时，客户端一开始最不能接受的就是我们希望产线"降速生产"这件事。

当然在事成之后，负责的经理向我们吐露心声说道："当年降速生产这件事，就好像要逼我们相信太阳是从西边出来一样。"

就让我说说在 2014 年，在联华食品可乐果产线，这个超过 30 年历史的知名零食厂商，是如何通过减少多做的浪费，进而提高人员效率及降低库存积压的。

改善前可乐果的生产是以设备稼动率为主的制造思维："做食品业，设备开机能开多久就开多久、能生产多少就生产多少、稼动率能有多大就有多大！"

实际产出大于市场需求，可想而知的问题就是库存变多。但对于未接受过精实管理洗礼的管理阶层而言，过去三十多年的一贯思维就是："东西终究卖得出去，只是时间早晚问题。"但这对于企业经营来说却是非常危险的误解，因为食品有一定时效性，再者过多库存积压也会影响企业现金流量，一旦遇到经济寒冬时就容易出状况。

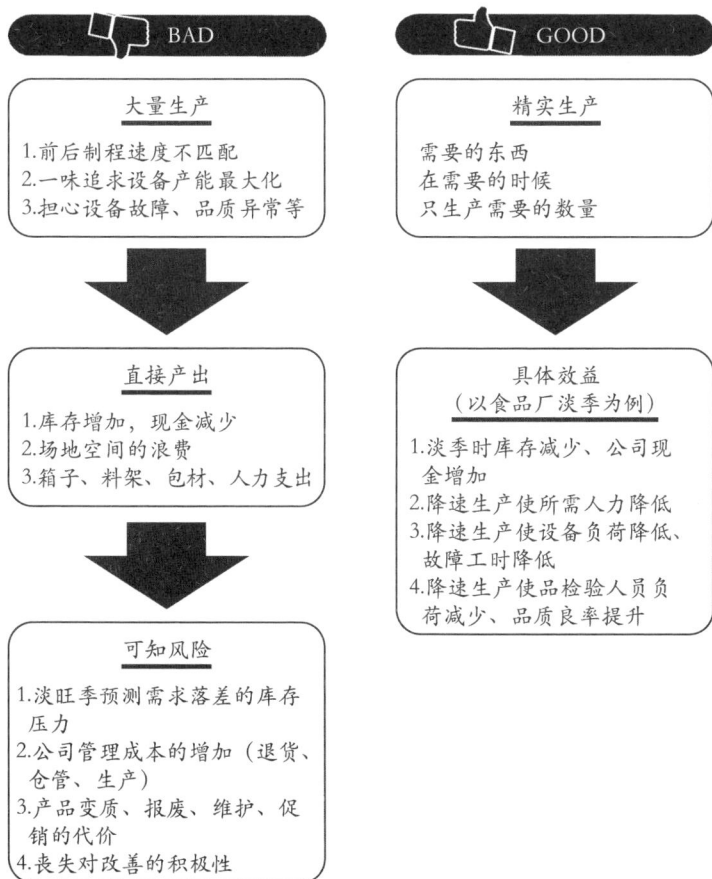

BAD	GOOD
大量生产	**精实生产**
1.前后制程速度不匹配 2.一味追求设备产能最大化 3.担心设备故障、品质异常等	需要的东西 在需要的时候 只生产需要的数量
↓	↓
直接产出	**具体效益** （以食品厂淡季为例）
1.库存增加，现金减少 2.场地空间的浪费 3.箱子、料架、包材、人力支出	1.淡季时库存减少、公司现金增加 2.降速生产使所需人力降低 3.降速生产使设备负荷降低、故障工时降低 4.降速生产使品检验人员负荷减少、品质良率提升
↓	
可知风险	
1.淡旺季预测需求落差的库存压力 2.公司管理成本的增加（退货、仓管、生产） 3.产品变质、报废、维护、促销的代价 4.丧失对改善的积极性	

于是通过联华管理阶层与顾问端的多次讨论后，工厂端也愿意尝试在淡季时放慢设备的生产速度。当然对于生产条件的调整一定要符合质量的要求，所以不论在口感、风味、外观、保存期限等方面都做过多次的检验。"淡季时放慢速度"的关键就在于需求力道偏弱之际，不力拼速度产量，降慢速度"刚刚好"符合需求即可，不要有先做起来放着的想法。

尝试两个月后，降速生产所带来的效益如下：

- ◆ 淡季时库存量的降低，让公司现金增加。
- ◆ 降速生产也意味着现场人数的减少，有节省人力效果。
- ◆ 设备负荷的降低，减少故障工时。
- ◆ 包装段因减速生产，品检人员有充裕时间确认，质量因而提升。

金城武有句广告词是这么说的："世界越快，心，则慢。"

其实在快节奏的商业世界中，有时候追求高速、高效率反而是种容易上瘾的毒药，一旦落入了相互比较的竞赛那就很难停止下来。

多做的浪费是传统制造思维最根深蒂固、难以改变的束缚，也是许多企业乃至于个人面对环境变化、市场竞争时盲目走入的死胡同。

2-7

库存的浪费：
企业营运血管的血栓危机

每年带台湾企业的专业经理人到日本爱知县的丰田集团进行参访交流，白天看这些世界五百强公司的制造现场及对谈，晚上我都会找大家聊聊，想知道大家最大的收获在哪儿。

有些人觉得是现场井然有序的管理风貌，有些人则认为是内部改善氛围的深化，然后最大的交集是对于"库存水位"的惊叹。

例如某生鲜食品业的董事长就曾经惊叹："我们家进料到出货大概三天，本来以为够厉害了。哪知道更复杂的汽车厂竟然零件库存只有 4 小时！"

如果说企业经营就像一个人的身体健康情况，那么"库存"就是生产或服务流程中的血栓，库存不良会造成中风，轻则造成身体行动不便，重则有生命危险之虞。

曾经差点破产的丰田汽车，就是因为深知库存之苦，因此丰田生产方式之父大野耐一，将库存列为"七大浪费"之一。

针对库存，我很难告诉你库存低水位有什么样的好处，因为库存水平会因为行业差异而有所不同。

但我却可以依据过往在企业辅导的经验，整理出库存过高的三大缺点与你分享。

库存过高导致资金流动性问题

先讲结论，实体产业就是个烧钱的生意，只是看你烧的多跟少而已。

你手腕可以不粗、资本不见得要雄厚，但如果想要生存下来，那么接下来谈的库存过高造成现金流动性问题，就应该在内部管理中仔细思考防备。

你说谈钱既现实又伤感情，但这却是企业经营最实际的问题。如果是买卖流通业或是网络产业，可能没有太多的库存问题。但对于实体制造产业来说，所谓的"库存"简单用白话文来解释，可以转化为如下说明。

我要先拿出一笔钱把原料买进来，还要花另外一笔钱在人员薪水、机器设备、水电费用上把东西做成半成品或成品，通常原料到成品快则 15 天，慢则 30 到 45 天。

但是你以为把东西做出来，人就进得来、货就出得去吗？

以食品业来说，如果出厂时有效期限一年，其实运输端都会在有效期限只剩一半时就要求厂商回收，这对于制造端是很大的压力。

如果让你都这么顺利地完销一空，你想让客户开票的期限究竟是一个月、三个月还是半年呢？

如果公司财务体制不好，那么很容易面临现金周转问题，甚至发生"黑字倒闭"的状况。

库存过高导致异常的紧张感丢失问题

某回到高雄的锻造厂执行顾问案，抵达时制造部小陈课长告知，很抱歉因为设备临时故障，本来预定的现场辅导行程可能需要变更。这时我并不担心行程变更的问题，反而为他们生产进度感到忧虑，因为故障的那台设备全厂只有一台，而且轴承断掉必须要请日本设备厂商重新定做，预计要花一个月左右的时间才能复工。

听完后我问小陈课长该怎么办，出乎我意料，小陈并没有如我预期愁容满面，反而像是松了一口气般对我说："老师，没问题！我们成品库存至少有两个月的量在。"

站在企业经营者的角度，库存造成现金积压的问题似乎是显而易见的痛。然而对于企业管理阶层来说，为什么却容易忽视或选择避谈呢？因为他们面临着更重要的威胁：断线。

对于公司来说，预定好的排程、产量，肯定是希望按部就班产出。然而人员请假、设备故障、物料质量出状况等异况都可能中断或干扰产出，因此不论是采购、生产主管乃至于制造单位都意识到："断料"绝对会让人急到飞起来，最保险稳健的做法就是多做点库存"以备不时之需"。

这种做法看似安全，但其实慢性侵蚀着企业的经营体制，让企业反而没有去警觉必须解决的状况。

设备容易故障？没关系慢慢修，我们有安全库存。供货商供料质与量不稳定，没关系我等你，我们有安全库存。大家往往对于资金流动性问题会有所警惕，但其实过高库存背后隐含的是对于异常的紧张感丧失问题。

库存过高导致作业困难度问题

仓库中满坑满谷的物料，阿豪作为公司唯一的仓管人员，正驾驶着堆高机叉着栈板进出，这已经是他连续第十三个加班的工作日了。换个场景，生产线旁凯哥熟练地将包装后的产品装箱、封箱后堆栈到栈板上。但因为栈板占地空间大的关系，凯哥不得不绕着栈板作业，一有不慎还会被栈板绊倒。这项作业，让已经近 50 岁的他越来越吃力。

最开始，我们从公司经营面的资金问题谈起。接着谈到各职能单位因为库存高对经营风险已麻木。但谈这些问题有时会觉得搔不到痒处，因为这些对于每天的作业来说都显得太远。

可是库存在第一线最容易遇到的情况就是，空间占用、找寻不易、作业阻碍，这些不仅会增加作业人员的工时及负担，对于产品的质量也是一大考验。

举例来说，如果公司产品库存过高，金属类产品就要进行封存或上油等防锈作业，食品则要注意有效期。电子科技厂则因为产品生命周期短，更有可能因为产品的迭代更新使得旧产品变成难以处理的呆料。这些都是企业经营层或管理者不可忽视的直接冲击。

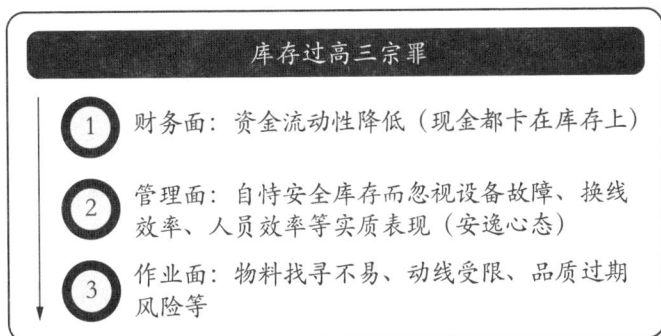

库存过高三宗罪

1. 财务面：资金流动性降低（现金都卡在库存上）

2. 管理面：自恃安全库存而忽视设备故障、换线效率、人员效率等实质表现（安逸心态）

3. 作业面：物料找寻不易、动线受限、品质过期风险等

什么样的库存最要命？

最后，来做个随堂小测验，考验大家对于库存的概念是否有正确的认识。库存在实体产业能够简单分成三项：

◆ 原物料库存

◆ 半成品库存

◆ 完成品库存

你觉得如果公司为了市场或是客户要求，真的需要建置库存，那么你会把库存压在哪一项呢？给大家 30 秒的时间。

我的建议会是："原物料库存。"

"半成品库存"是我在企业辅导过程中最在意的重点之一，因为半成品对公司来说已经投入成本（物料购入、加工费、水电费等），但还无法转化成可变现的状态，风险程度最高。

"完成品库存"虽然已经有市场变现价值，但是随着少量多样的市场需求，大家都会面临产品客制化程度高的状况，如果完成品库存过多还是有一定程度的风险。

如果真的要建置库存，放在原物料的好处是，原物料要么还可以转卖给同业，或是可以转单加工成不同的半成品，但前提是公司内部制程能力要够高，才有办法在短时间内把原物料投入后转化成需要的产品。

不论你身处哪个产业，制造相关的产品时请检视原料投入成品产出的流程，注意每一段工序中是否有库存堆积的状况，如果是后勤服务相关工作请检视客户使用服务时容易在哪段流程卡关。

这些堆积、卡关的现象就是企业营运血管中的血栓。

如果哪天忘记库存有什么危害？可以再复习资金流动性、人员警戒心及作业困难度这三大问题！不可不慎啊！

2-8

搬运的浪费：
你以为省事方便却造成现场不便

2011 年我随着井土顾问在信昌机械（台湾前五大汽车零件厂）的门锁、安全带生产线进行"备料员系统"建立，两年后再将其导入福州的子公司。通过备料员，组装线的线边库存降低 80% 以上、效率提升 20% 以上，同时缺料、组装错误等质量问题也大幅降低。

简单来说，就是通过一个专责的备料人员，以 30 分钟一回的频率同时负责五条以上产线的每日所有零件、模治具的提供，减少过往作业员各自离开生产岗位去找寻、拿取零件的时间，使得产线的生产效率趋于稳定，而不会有高低起伏的情况。

2014 年我跟大野顾问一同在联华食品的年度辅导改善案中，推动降低线边仓店面存放空间的案子，通过小批量供料的方式，一口气减少 59.5 平方米的使用面积。具体做法就是将生产现场过去一天一次的物料供给频率，改为两小时一回。

接下来几年的时间，联华食品在各生产单位复制小批量供料的模式，成功让过去生产线边堆满大量库存的情况扭转，联华食品的职场环境变得简单、明亮又整洁。

高频率搬运，还是一次搬多一点？

相信敏锐的你一定能看出其中的端倪（没看出？对不起是我应该检讨自己的文笔），那就是有别于一般人的想象，我们在上面这两个改善项目都是以"高频率的搬运"去突破生产线的效率限制和库存空间。

过去大家对于搬运这件事情都会觉得很浪费时间及人力，但又不得不做，因此我们都习惯一口气完成它，所以栈板能放多满就放多满，堆高机能搬一次就够，简单来说心态就是"既然都要跑一趟了，怎么不就一次拿多一点呢？"，这种大批量搬运的做法其实在目前两岸制造或服务业都仍属常态。

先讲结论：一次性大批量搬运看似轻松省事，但造成的问题就是过多的库存浪费。因此精实管理或丰田生产方式的原则是："需要的东西，在需要的时候，只提供需要的量。"

像是这种一早就把全天的物料都搬到线边备用的方式，就属于需要的东西在不需要的时候提供不需要的量。试着想象一下，你家门口有订嘉南羊乳，明明说好每天早上配送一瓶过来，但第一天就送 30 瓶过来。你气急败坏打电话抱怨说："我小孩

一天喝一瓶就好，你怎么会一次送这么多过来？"对方只淡淡
地回说："这样我一个月只要跑一趟比较省事方便啊！"但他的
方便对你来说却是梦魇，东西要另外找地方放，还要担心喝不
完的保存期限。而精实管理的做法，反而是希望通过小批量供
料、高频率的搬运作业来降低库存量。

但这样一来，大家最容易问的问题就是："那这样我们公
司的搬运作业，不就需要更多的人力时间去进行，这样真的合
理吗？"

如果我们进行搬运作业的所有方式都不做调整，单纯只是
将一天搬一次改为一天送四次，的确会增加作业负担及工时。
因此同时间我们要一起考虑如下相关配套。

搬运距离造成浪费：路径的优化

为什么会产生这样的做法呢？

我们先从基础设施讨论起，来思考个生活情境题，如果今
天住在偏僻一点的住宅区，距离你最近的购物地点要开车30
分钟，那么你会选择一次性大量购买回家囤积，还是需要时才
少量购买呢？

答案应该会是一次性大量购买，毕竟我不会煮菜到一半发
现没了酱油，而来回花费一小时只去买罐酱油。

许多企业遭遇的问题正是如此，当老板大声疾呼我们应该
要减少在原料、在制品、在产线边的库存量时：

却没注意到根本问题来自内部前后制程的"搬运路径过长"。

因此我们能努力的两大方向：一是设法合并前后制程，如果"全家就是你家"，那么根本不用发生搬运，就也不会有浪费产生。如果真无法合并，那么至少努力减少两点间的距离，如果只需要到巷口就买得到酱油，那么多跑几次腿就不显得那么累（小批量供料）。

搬运方式造成浪费：小批量为主

每次当我看到有些企业采取的搬运方式是，一口气把整天甚至好几天所需的用料摆到线边，就让我想到小时候听过的故事："脖子挂大饼的老婆。"

用谷阿莫的叙事方法来说就是有一位懒妇整天宅在家不动，所以老公要出远门时为了怕老婆饿死，刻意在出门前做了一串大饼挂在老婆脖子上，结果回家后发现老婆还是饿死了，木暮警官说因为老婆懒到连脖子上的大饼都不肯转着吃……

当我们把搬运量放宽加大，期待通过这样的方式提升效率，结果往往事与愿违。并不是说现场人员是懒妇，与其设计一串大饼（大批量库存）在现场，倒不如帮老婆定时叫外卖（小批量供料）更符合人性。还记得需要的东西在需要的时候只提供需要的量吗？

然而在许多工厂想要推行小批量供应的首要阻碍，就是堆高机与栈板。

其实近几年不论在日本丰田集团旗下工厂还是其他企业，都在推动厂内禁行堆高机的活动。一方面堆高机在厂内容易造成工伤意外，另外一方面也是着眼于以堆高机为主的搬运方式无法达到小批量供料。

试想如果你今天只要从仓库搬一箱零件到生产线去，看到旁边的堆高机你大概会想说："算了，我干脆等堆满整个栈板后再一起搬吧！"

因此越来越多的日本企业，都在厂内利用小型台车甚至是无人搬运车（AGV）来取代搬运功能，不仅节省空间场地也更能达到小批量搬运的效果。

搬运职责造成浪费：专责搬运而非兼差

谈了前两项如何克服企业管理阶层对于搬运这件事情根本的恐惧，大家虽然好像快被说服了，但最后还是会想要力挽狂澜地问最后一个问题："如果改成小批量搬运，以前我们一天拿一次料就好，现在可能一天要来来回回好几次，感觉就很麻烦！"

没错，很棒的问题，如果制造现场推动小批量供料，同时也需要让现场人员自行取拿，这样反而会影响生产线效率。因此各位同学看黑板这边，生产人员这些"非生产工时"的发生，要怎么解决呢？

就像你看连续剧中在手术室执刀的医生，会自己开刀到一半然后去找接下来的工具在哪里，还是护士早就准备好递给他？这就是"专责备料人员"。

把生产区域所有搬运作业集中交给专人负责，而减少发生"等我一下，我去拿个肉刀跟尖刀"的情况。在医院场景，举凡切割、抓取、持针、牵引等手术器械，都会由助手递给主治医师。

让第一线人员从事最具附加价值的作业，不论在医疗还是制造业都是相同的道理。

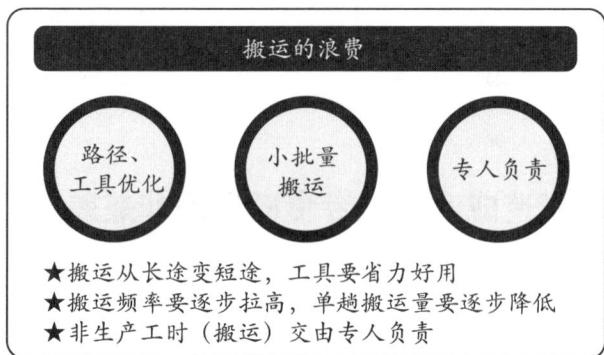

搬运的浪费

路径、工具优化　　小批量搬运　　专人负责

★搬运从长途变短途，工具要省力好用
★搬运频率要逐步拉高，单趟搬运量要逐步降低
★非生产工时（搬运）交由专人负责

不良品的浪费、多做的浪费、等待的浪费，这些问题都是能够避免，唯独"搬运"这件事情只能够尽可能减少，或用自动化取代。

但不能因为搬运必定存在就放弃"治疗"，搬运的背后隐含的更大问题就是库存，所以还是要记得精实管理最经典的老话："需要的东西，在需要的时候，只提供需要的量。"搬运的原则亦然！

M

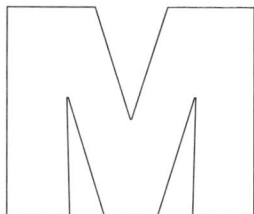

不良的浪费：
自工程完结，质量是制造出来的

"澄哥，你看到爆料公社最近那篇帖文了吗？东西才买回来不到一天就坏掉，亏他们公司最近广告打得厉害，还有好几位Youtuber 接他们家的软文。"

"我之前就跟他们家采购打过交道，就觉得他们用料很有问题，上次去他们工厂看也觉得很脏很乱，一点都不像广告讲得这么好。"

网络社群媒体的发达，让更多优质商品或服务得以借着相对快速价廉的营销宣传成本，就能出现在大众面前，但随之企业要承担的风险就是"坏事传千里"。

坏事的散播速度可能不用半天就可以尽人皆知。既然我们要谈质量不良，就一定要先让大家了解不良所造成的损失。

不良品造成的商誉损失

2000 年日本雪印牛乳的中毒事件、2014 年日本麦当劳的食品安全事件等，或是在台湾地区由网络乡民所发起的"灭顶"活动，都是因为企业在产品制造过程中的质量问题引起消费者抵制，甚至导致企业宣布破产倒闭，或业绩大幅衰退。

无论如何，企业对于不良品的商誉损失都必须重视，因为其可能会带来很严重的后果。

不良品造成的退货销毁

对于制造或服务流程而言，2013 年起全球安全气囊王者：日本高田企业，因为接连发生的安全气囊爆炸事件，导致多人因此身亡。

全球各大车厂为此宣布大规模召回超过 1 亿辆汽车，总费用超过 100 亿美元，且需要花费 10 年以上时间处理。

于是 2017 年 6 月日本高田不堪 1 兆日元负债，只好宣布破产保护，这家 1933 年成立的世界级企业就此走向末路。或许因此失业的员工可能会想："早知道当初就不应该睁一只眼闭一只眼。"却也悔恨莫及、回头太难了。

不良品造成的制程重修

不论是商誉损失、退货销毁问题，正在看书的你可能会想说这些老调重弹都离我太远了，我就是存在侥幸心态，认为只要没被抓包就不会有问题。

好吧，也许你们的心态就是老子就喝点小酒，怎么可能会在路口被警察拦检酒测？那么就谈点更切身一点的损失吧！

对于企业经营层、管理者来说，千万不能轻忽不良制品所造成的影响，不管是完成品还是在制品，只要出现不良就只能有两个下场：报废或重修。

报废代表你所投入的水电费、劳务费、材料费等就跟丢到水里一样化为乌有，然而重修后的东西代表上述这些费用要乘以两倍才能够做好。首当其冲的就是公司的营运表现。

对不良品的忽视让人习惯犯错

另外产品能够重新修整，看似还有挽救机会，但其实修整的过程也正一步步扼杀大家对于质量的正确认知与重视程度。

举例来说，这两年因为在联华食品及宏亚食品两大上市食品厂推动精实管理，有许多食品厂也期望能够在内部推行精实管理。然而我却在现场看到许多质量问题急需克服，其中最明显的一个案例就是"重新修整"。

裁切洗好的原料从输送带上掉落到地上？没关系，30 分钟内都还可以用（我小时候东西掉地上也都这样安慰自己呢）。制程中有破损或变形的饼干、馅料？没关系，随着下一批再倒回锅内重制即可。

关乎成本的都还算小事，这样的处置方式恰好会让人员习惯犯错、勤于补救，而对于问题真正的根源却不思改进。

品质是靠检查出来的吗？

我在书中可能会强调超过八百次的概念，就是请大家在追求高大上的管理哲学、与欧美并进的管理理论之时，回头多花点时间注意每一天、每一分、每一秒的工作现场。

因为所谓的浪费都发生在此。

当你动用预算购入一台价值 800 万新台币的机械手臂及视觉辨识系统，协助包装产线的捡货作业，却因为无法百分之百确定包装无误，所以再多派两个人在设备后方进行目视全检时，你才会惊觉钱的可贵跟设备折旧摊提的可怕。

品质是制造出来的！

对于客户来说，我们所花费的检查人力、时间与成本并非重点，因为确保安全质量的前提下，除非双方特别议定，否则你额外花费的检测设备、全检人力，客户都不会买单！

所以就丰田来说，早在 19 世纪末丰田佐吉发明汽动织机时，就已经把"品质是制造出来"的概念给灌输进去了。

过往的自动织布机虽然能够自行织布，但遇到纱梭用完或断线时却不能实时反应，导致大规模不良品产生，因此业界普遍都以一个人看顾一台织布机的方式进行生产。而丰田佐吉通过机械构造的改良，使其能够在遇到异常时让设备自动停机，进而解放人力让作业员能够一人看顾多台织布机又能兼顾质量。这也让丰田佐吉赚进大笔财富，为公司往后进军汽车领域积累资源。

对了！丰田佐吉发明自动织布机并取得专利时才 29 岁。

自工程完结

丰田汽车接续相同的品质概念，汽车的制作流程及所需零件更加多元繁复，如果要依靠大量的品管人员进行全检、抽测等管理作业，会大幅提高生产成本。

因此如果各制程都能够做到"不接受不良品""不制造不良品"且"不流出不良品"，那么问题就能够在自己的守备范围内获得解决与控制。

这种"自工程完结"的实际做法，让丰田汽车有别于其他欧美车厂烦琐复杂的品管对策，使其迅速降低额外成本，并且产品更具市场竞争力。

所以制造工序、项目流程、服务现场都应该思考如何"不接受""不制造""不流出"不良品，问题在当下解决才能把损害控制到最小。

2-10

M

动作的浪费：
经年累月，成为时间的影子

　　每当我在企业现场辅导时，明确指出产线长度、物料摆放、设备方向等原因造成人员做多余动作或多走路时，常会受到现场的质疑声音："顾问，这个零件摆左边或摆前面顶多差个 2 秒，真的有差别吗？"

　　这个时候，我除了向他们解释原理原则及效果外，我心中都会想到一位棒球场上的灿烂流星："指叉球王子"阿甘蔡仲南。

　　1999 年汉城亚锦赛我相信是每一个热爱棒球的台湾人脑海中经典的对决场面之一，当时中华台北队的蔡仲南以业余奇兵身份横空出世，在 8.2 局的投球中对决日本队松中信彦、阿部慎之助、古田敦也等名将表现得毫不逊色，通过招牌指叉球送出 11 次三振。那一夜我们知道，原来日本的平成怪物松阪大辅有多厉害，但中华台北队也有 20 岁的蔡仲南在。

　　然后流星陨落的故事虽然悲伤，却更让人拥有记忆点。蔡仲南在 2001 年世界杯棒球赛后，以破纪录的加盟金加入台湾兴农牛队，但除了前两个球季投球局数破百局外，后面几年均为伤所苦，短短 6 年的职业棒球生涯就黯然告终。

　　我是个死忠的棒球迷，但我们今天的重点不在探讨球团过度使用球员的问题，而是通过蔡仲南的投球机制来探讨丰田生产方式中所讲的七大浪费之一："动作的浪费。"

　　蔡仲南出手前怪异的投球姿势（右膝大幅弯曲、右手几乎碰触投手丘），在业余时期或短期杯赛能够收到一定威力成效，然后一旦将时间轴延长到职业赛季，对于身体使用就是严酷的考验。

　　蔡仲南在退役后接受采访时曾说道："起初是膝盖痛，接着是肩膀痛，最后连手肘、髋关节的健康都葬送了。"

**　　所以当制造现场质疑改善方案只有几秒的差异时，放大时间尺度就能看到积累的效果。**

　　动作的浪费是七大浪费中最容易被忽视的一项改善，容易被误认为吹毛求疵，但如果我们能够谨慎认真面对动作的浪费，能够带来三大优点。

作业效率的增加

例如在某食品厂的改善案中，改善前包装线的作业员进行捡包作业，每十包放入一个箱中，人往左后方拿一片隔板放入箱中作为上下层的区隔。

我们仅是调整隔板的放置位置，从作业员的左后方改为前方，让动作节省 2 秒。听起来似乎稍纵即逝，但一天要做 1 000 次以上，公司有四条相同的包装线，一年下来就可节省相当于 36.6 个工作天效益。

古有云"勿以善小而不为"，小动作的改善通过时间的累积也能够累积出惊人的效益。特别是多以重复性动作为主的作业，更应该注意是否存在动作的浪费。

人员疲劳度的降低

又例如某锻造厂的冷整作业，作业人员每回都需要从蝴蝶笼中拿取工件（重量 5—6 公斤）进行生产，一天 8 小时需要生产 1 293 件，也就是作业员每天需要弯腰 1 293 次，每日腰部承受总共 6 吨以上的重量负担。

我们只是在现场加装顶升装置，让作业员取料时不需要再弯腰拿取，作业疲劳度减轻自然生产效率也能跟着加快。

传统制造业面临年轻人不愿待在现场的情形，大家总会责怪年轻人不愿吃苦，但吃苦本来就是件反直觉的事情。

这些大家眼中辛苦、肮脏、危险的 3K 产业，在从事改善时应该主动思考如何改造作业环境、方法，让工作变成简单做、容易做的方式。毕竟，在扭转他人刻板印象前就从自身做起吧！

未来自动化参考

所谓的自动化，第一步就是将人员的动作通过机械手臂程序编程模仿取代之。

在全球工业自动化热潮方兴未艾的时刻，丰田汽车反其道而行，2014 年起把在日本国内的 13 家工厂近 100 个工作岗位的自动化设备改回人工制造，主要目的是希望通过人类的创新能力，重新改良或发展新技术工法，进而改善生产线效率或降低不良、浪费。

不是单纯把人类当作自动化产线的附属品，只负责把原料投入设备，或是设备故障时才需要人类排除异况。通过这方式，丰田的引擎曲轴制程就因此降低 10% 的耗损。

人的思考与改善能力，才是企业长期稳定进步的关键。

如果一开始就未将流程动作优化，那么所谓的自动化反而只是模仿人们无效率的动作浪费而已。公司花钱投资还得不偿失，不可不慎。

```
┌─────────────────────────────────────────┐
│  ┌───────────────────────────────────┐  │
│  │      动作的浪费──"三省"            │  │
│  └───────────────────────────────────┘  │
│                                          │
│  ( 省时 )  工时降低                      │
│                                          │
│  ( 省力 )  作业疲劳度降低                │
│                                          │
│  ( 省人 )  自动化设计的前置作业          │
│                                          │
└─────────────────────────────────────────┘
```

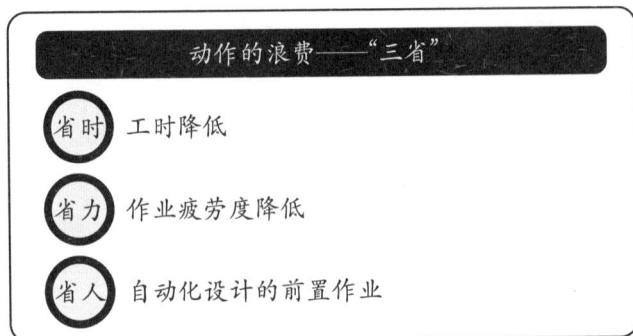

每次想到蔡仲南的例子，就想起"别人上太空，我们还在杀猪公"这句话。

2005 年美国职业棒球投手直球均速超过 98 英里的只有乔·祖玛亚（Joel Zumaya）一位鹤立鸡群而已。但这十多年来随着运动科学的进步、数据分析的演进，2017 年直球均速超过 98 英里的投手多达 17 位。

各家球队通过运动轨迹分析、智能训练系统等，找出选手的动作浪费，减少运动机制造成的损耗，让球队的重要资产确保高质量且健康的输出实力。不只美国职业棒球，看看美国职篮 NBA 亦是如此。斯蒂芬·库里的 One Motion Shot 投篮动作（指投篮动作并非在起跳至最高点时才出手，而是边起跳边启动投篮动作，以争取投篮速度及稳定性），也是身高居劣势的球员消除动作浪费的一种成效。

动作是时间的影子，既然一寸光阴一寸金，我们又怎么能够轻易让动作的浪费慢性消磨我们的生命呢？这不是吹毛求疵，就我来看，这是对自己生命价值的尊重！

M

加工的浪费：
"没有不行吗？"的减法哲学

2010 年我结束日本丰田集团的研修生活，回到台湾地区后立刻投入企业辅导改善的工作中。那时候我们配合过行政项目的执行，当然具体项目名称及内容不好说，我在项目执行过程中倒是吃了点苦头也学到一些经验，值得跟大家分享借鉴。

"江先生，你们协会的执行报告怎么会这样做呢？（叹气）"行政单位窗口的大姐打电话到办公室来就是劈头盖脸地问。

"怎么了吗？截止时间还有一天，有什么问题我们可以赶紧修改，不好意思！"大家都懂的，刚出社会的"菜鸟"都是说话先道歉，"菜"就是罪。

"我们今年书面报告封面规定一定要是粉红色，里面行距跟对齐都有问题，更重要的是页码要放在下方中间，这个不是说过吗？"

"那执行报告的内容部分呢？有关于这六家企业的年度改善效益，如果用新台币表示是 1 200 万，还是库存降低 37%、效率提升 23% 呢？"

"那个不是重点。"

等等，我是不是误会什么了？挂上电话我重新翻开已经装订成册的年度改善成果报告，封面烫金的字体分明写着"OOO产业技术辅导计划"，怎么封面颜色、行距、页码比企业降低库存、提升效率、优化质量等内容还要重要？

看到这里，相信踏入职场已经不知几个寒暑的你会捻着胡子笑说："年轻人终究是年轻人。"但我今天其实想跟大家谈的就是丰田七大浪费中的"加工的浪费"，这个是略显冷门却又跟我们生活息息相关的浪费形态。

加工的浪费，指的是跟进度或精度无关的工作内容。

既然跟进度或精度无关，那大家又不是傻子干吗还要做呢？然后在企业组织内部流程分工过于精细的现代社会，加工的浪费其实远比你想象的还要多！这时候如果你能重新思考每一个动作背后的动机，通过"减法哲学"删除多余的作业、资源耗费，自然就会比其他竞争对手来得更具效率。

以下就用我经历的几个企业辅导实例来说明。

有时不是你浪费，是流程问题

我曾经在某家汽车制造厂，看到作业人员谨慎地把软布用磁铁吸附在烤完漆的车门上，再进行整体内部零件的安装作业。站在流水线旁我纳闷为什么公司要先把车门装上，阻碍作业人员工作，这跟全联福利中心的著名广告"先堆沙包再去全联"极为相似？

或是在某手工具制造厂，看到作业员仔细地把半成品套上塑料套保护，接着一支支叠放在栈板上，待堆栈到一定高度后再用收缩膜捆个两圈收到仓库放好。而经过改善辅导两个月后，我们成功地把这个工作取消掉了，因为我们直接把前制程（半成品套柄作业）与后制程（组装作业）合并联机生产。

有时候不是我们刻意浪费，反而是行之有年的分工方式、流程习惯，限制了我们的想象力。浪费的动作经过日复一日刻意练习后，变得自然而必要。

"没有不行吗？"通过这个万能问句，检讨的是习以为常背后可能的问题。

地球只有一个，杜绝消耗性包材

汽车零件厂及制造厂间有一个非常值得其他行业学习的地方，就是"通箱（物流箱）"的存在。

所谓的通箱就是利用可重复利用的塑料箱进行零组件的交货，如果是质量要求较高的产品甚至会在箱内利用吸震材料进行产品保护，这种做法目前也广泛被物流业者拿来运用。如果你常到小七、全家购物，一定会看过类似的箱子。

然而在台湾地区许多食品厂却多习惯于使用纸箱作为交货的载具，虽然有安全卫生的考虑，但一想到这些装满货物的纸箱送到好市多、家乐福或全联后，马上会被拆开将商品上架，而纸箱就只剩下回收（因为箱上已经印刷厂商、物品的名称数量等信息）。想想还真是可惜！

或是栈板上的收缩膜也是种对地球极不友善的一次性耗材，有公司听取我们建议后，直接在栈板的四个角落设置孔位，叠满栈板后就插上木棒作为固定，也不用担心堆高机搬运过程中会有坠落的可能。只要在工作上多花点巧思，你也能对地球尽点心力！

品质过剩不一定是好事

"土豆是用计算机挑的"如果你知道这广告，那一定至少是七年级学生。

但除了花生之外，大家逢年过节嘴里吃的海苔也是计算机挑的！我们每天在便利超市随手结账当早餐的三角饭团，用来包馅料包饭的海苔片，在生产过程的后段会利用科技业等级的高分辨率镜头进行对比、筛选，杜绝任何海苔片在制程中可能的破裂、孔洞。

企业追求质量在食品安全事件层出不穷的时代，是件值得鼓励的好事，但扪心自问，你早上冲到便利超市拿个豆浆、三角饭团结账后，随手拿起肉松饭团撕开包装就送入口中。企业在意的质量问题，消费者真的会放在心上吗？

甚至在撕开胶膜的过程中就可能把海苔给撕烂了，不是吗？

我也曾看过专业包材印刷厂，为了追求肉眼看不出的色差（好吧，音响界会说你是"木耳"，可能我是"木眼"吧？），让设备停下四五个小时进行油墨调色，也产生了大量的消耗。

这些如果拿到市面上进行官能检验，除非你有"写轮眼"，不然应该看不出来。这边不是要告诉大家质量不重要，然而如果过度追求品质，其实反而会让制程中产生加工的浪费，因为你的努力别人看不到也不在意。

我只要陈雷，你给我"搂雷"

"你戴的那副液晶体显影眼镜是两年前美国过时的产品，而我这副隐形液晶体显影眼镜，是上个月西德最新产品，价值 11 万美金。"电影《赌神》中，周润发在最终赌局上和陈金城的对话台词，在现实生活中这种说辞我也觉得一点都不陌生。

因为许多企业老板在向我介绍制程时，经常介绍他们家的最新设备可以做到 0.01 mm 的加工精度，可是等我开始跟团队检讨制程做法时，才发现客户要求的尺寸规格只要到正负 0.02 cm。

古人很早就告诉我们一个管理上的智慧：杀鸡焉用牛刀。

如果企业生产的是量产件，结果你却用艺术品的水平去制造，那么在先天竞争条件上就已经先输人一截。你可能会很不以为然地要我不要这么庸俗势利，但"活下来"不是企业运营的第一要务吗？

如果管理团队把资源错置，造成的损害甚至可能影响上百个家庭的生计，自然要务实为上。

加工的浪费在道理上看似简单，但其实隐含许多公司产品开发、制程设计、质量管理的重点，回到原点只要大家抱持着质疑的态度，用"没有不行吗？"的万能句型看待每件事，相信你一定能够找出值得改善的地方。

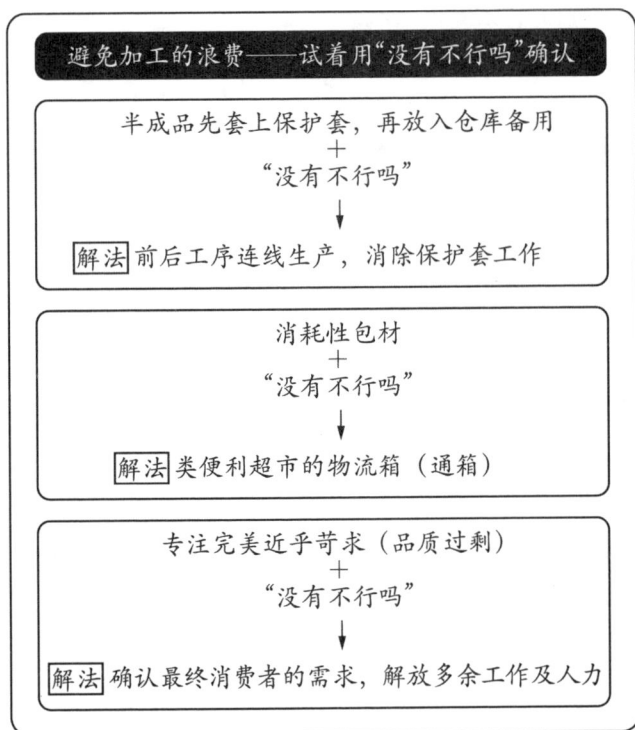

```
避免加工的浪费——试着用"没有不行吗"确认
```

半成品先套上保护套，再放入仓库备用
＋
"没有不行吗"
↓
解法 前后工序连线生产，消除保护套工作

消耗性包材
＋
"没有不行吗"
↓
解法 类便利超市的物流箱（通箱）

专注完美近乎苛求（品质过剩）
＋
"没有不行吗"
↓
解法 确认最终消费者的需求，解放多余工作及人力

M

等待的浪费：
你以为等的是时间，浪费的却是生命

在某科技业的化工实验室内，我正在亦步亦趋跟着工程师进行作业观察。拿起客户委托的产品放入烧杯中，倒入发烟硝酸并设定 200 ℃加热，这时工程师转过头来跟旁边的阿宅交谈："欸！我过年期间都在玩 Switch，超好玩的！呵呵。"

工程师接着把产品放到设备中打 R-E（日本手游），几位宅男们仿佛围炉一样，环绕着设备等待着反应时间。一时之间实验室有种茶水间的温馨感觉，设备像是微波炉被打开后，产品拿出来检查后发现仍有不足，所以再一次放入设备中加工。在我当天的观察记录中，这样的动作来来回回总共五次，每次花费约略 4 分钟。我在随身笔记本上写下"等待浪费"四个大字！

"等待的浪费"列在丰田集团所认定的七大浪费之一，其实不管是人员或是生产（财）设备的等待，

对于公司来说都是一种机会成本的损失，也就是明明可以拿来创造其他价值的却没有。

以上面的故事来说，明明客户委托案还有一堆样品在等，但是这段等待的时间却不能被利用。等到进案量爆炸，公司要求大家加班应对时，每个人都怨声载道纷纷表示："我已经够累了，根本没有时间可以浪费，结果还要我们加班？"我好像误会了些什么，那个在设备旁边围炉聊天，只差没有多发一本"镜周刊"跟瓜子给大家打发闲暇时间的状况是我眼花了吗？

看到这边作为经营层或管理者的你额手称庆大喊："顾问你真是说到我心坎里了！"但另外一边有部分观众大骂："你这资方狗！"

其实这样的矛盾在我从事顾问职位的第一年就已在内心交战过好几次，可是日本顾问某次午餐后的闲聊却点醒了我，他说日本文化对于职场有一个重要的认识，就是今天你领这份薪水就是公司花钱跟你买时间，既然你愿意把你一天中的八小时以合理价格卖给公司，那么等待的时间不论是不是你造成的，都是种危害公司利益的浪费。

在这边我把等待的浪费分成三大类，希望通过这篇文章，带大家一同检验自己现有工作中是否有这样的问题存在。为了不让各位等太久，那我们就开始吧！

第一类：工作安排造成的等待

老实说"等待的浪费"百分之百是人祸造成的，首先我们就来看看工作安排有哪些可能会造成等待的浪费呢？

1. 作业不平衡

如果工作间有前后关系，那么只要前方负担重，后方负担相较较轻，一来一往就会让后方产生等待的浪费。拔河时如果站在你前面的人是巨石强森，那么你肯定很轻松，但这对工作来说却不是好事，所以请注意工作分配的平准化，这才是效率稳定输出的关键。

2. 停工待料

同样是工作的前后关系，如果前制程或供货商因故无法在预定的时间内提供该给的产品或服务，那么一时半刻间你就只能够作壁上观。

就像你煮菜煮到一半突然燃气灶没火，天然气公司的问题，你却只能拿着锅铲叹息。

3. 设备的监视者

看过食品厂导入机械手臂来进行组装，结果输送带旁左右边各放着一架高脚椅，上面两位作业员直盯着上面的饼干，仿佛是杀父仇人一般。

嗯……其实他们两位是为了防止设备异常运转时造成报废损失而配备的。但是，你会在洗衣机运转时，为了它故障时要快点把衣服拿出来用手洗而一直站在一旁吗？不会，因为你觉得好浪费时间。

第二类：异常问题造成的等待

除了因为人而直接造成的等待外，人所"间接"造成的产品或设备异常，同样会耗费第一线人员的时间与注意力，造成无法产生附加价值的浪费。

1. 设备故障

"又死机了！今天已经第几次了？"办公室里同事发出哀号，愤怒地长按开机键暴力开机，看着屏幕进度条慢慢地跑着，心里只能祈祷刚才打到一半的文件有存盘。

如果你对这场景有共鸣，就知道那种等待的焦躁与不耐烦。每天有多少企业、多少现场、多少人因为设备造成的故障、停机而浪费多少时间？说不定只要拿掉所有设备故障问题，生产总值可以提高至少 2%（我觉得很有机会）。

所以请别再轻忽内部设备平日的维修、保养基本功了！

2. 品质不良

"生产主管部新来的阿明怎么一天到晚出错？仓库的王姐每天盯他的发料单，一有问题就都要等他重算生产品项、数量跟替代用料，我们就什么都不用做，等他就饱了。"

质量很重要，大家都知道，不只会造成重修或抛弃的浪费，对于接下来工序或服务流程的人来说，等待的浪费更是不能轻忽，所以质量第一真的不能再当口号了。

许多公司老板或管理者都会质疑初期质量投入的效益，这种就像开车系安全带一样，只要没出事你都觉得多此一举，但是只要你想清楚出事的代价，你就觉得值得。如果算清楚因为不良品造成的重修、报废、检查、商誉损失，甚至是把后续安全库存的提高等都列进去考虑，细思极恐啊！

第三类：流程衔接造成的等待

　　除了制造生产端可能因为工作安排、设备或质量问题而让人员等待，间接单位（办公室）其实有更多等待的浪费，端看你有没有细心注意过而已。

　　"我还在等主管说这事要怎么做。"（所以你就慢慢等？）

　　"底下的人没有把报告交上来，我怎么判断呢？"（所以你就慢慢等？）

　　我曾在客户公司会议室墙上看到一则标语海报，至今还印象深刻："宁可捞过界，不要踢皮球。"

　　对于流程衔接所造成的等待浪费，与其等待不如往前更进一步，设法让事情尽快完成。

　　要检讨流程顺序、工作分配，那都是后话，重点是当下的行动才是决定价值的所在。

　　最后我很想谈的是"等的浪费"其实跟动作的浪费很像，它们俩并没有办法创造数倍或数十倍以上的效率，但它们就是你每天在现场、在办公室都会碰到的情况。

　　重点还是在于"发现异常"的能力，简单来说你有没有自我体察到问题、浪费？还是就只是觉得"太阳底下没有新鲜事"，旧有的流程、设备、问题、方法都是合理的？

只要你愿意看到，哪怕只是 3 秒的等待都能够被揪出来，而不是觉得"这没办法""本来就这样"。那么相信经过努力，效率一定会提高的！加油。

第 **3** 章

增进效率

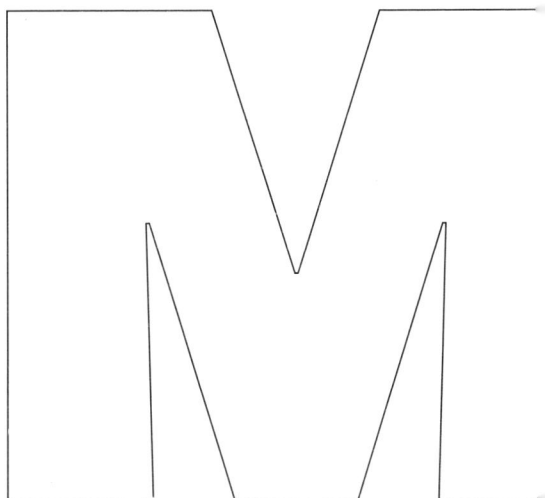

M

理顺序：
让制造品检流程顺畅不停滞

高中时期学习地理科目时，谈论到台湾地区河川的特色，虽然台湾降雨量丰富，但由于地形陡峻，与中央山脉的分水岭造成河川普遍短小流急，雨水落到地面以后很快地经由河川水道排放入海，能够以河水或湖水的形式停留在陆地上供我们使用的非常有限，因此只好兴建水库拦蓄雨水，以增加可利用的水量。

但如果我们把台湾河川的原生特色转化成制造或服务的流程来看，那么这会是一个非常棒的模式。

因为从原料投入（雨水降下）到产品或服务产出给客户（排放入海），所需要花费的时间短，相对来说客户体验好、公司现金周转速度加快，营运周转天数低，自然公司财务状况也不会差。

以河川来说，水库就是破坏水"流动性"的断点。水库的存在会将河水阻挡，淹没河岸两侧地区，形成一个人工湖泊，原来河道两侧的农田、屋舍都将因而沉入水底，除了迁村造成居民生活不能调适的问题外，原本的农地也不复具有生产的价值。

而对于企业内部可控的变因来说，如何消除"断点"就是我们应该努力挑战的地方，**因为"断点"会造成半成品库存的积压、搬运的浪费、人力的重复投入。**

你说有这么严重吗？就让我们来看看企业实际改善案例吧。

品检近线化活动

近来在上海与福州的辅导客户都不约而同地推行相同的改善做法，就是怎么将品检工作"近线化"。这是很迫切的课题，过往大家总认为制造归制造，品检归品检，功能或是部门虽然不同，但其实中间产生许多浪费以及衍生制造与品检单位的管理难题。

例如生产完后要将产品先放入收容箱中，再一箱箱搬到台车中。然后再将台车搬运到检查线，检查人员一箱箱搬下台车，再从每一个箱子中一件件拿出来检查，最后再把检查完的产品又一件件放回出货箱中准备出货。这段绕口令听起来是不是就很麻烦、很浪费呢？

上段文字其实就包含了三大浪费：

- ◆ 运搬的浪费
- ◆ 中间库存的浪费
- ◆ 库存造成空间的浪费

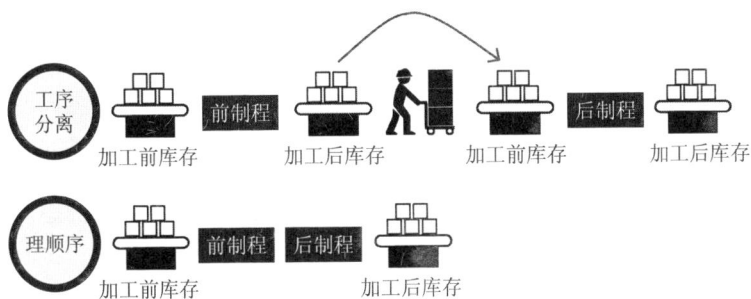

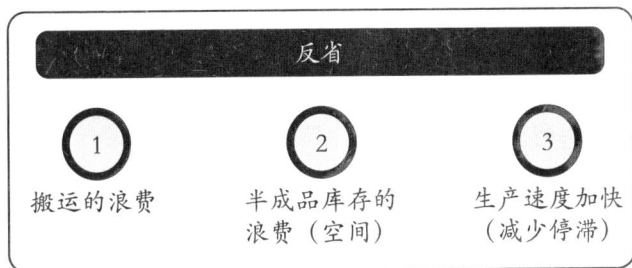

工序分离

加工前库存　加工后库存　加工前库存　加工后库存

前制程　后制程

理顺序

加工前库存　加工后库存

反省

1 搬运的浪费

2 半成品库存的浪费（空间）

3 生产速度加快（减少停滞）

另外把品检独立出来，对制造端来说会有一个大问题，那就是让制造端失去了对于品质的忧患意识。

减少不良品、提升品检效率

两岸还是有许多中小企业甚至上市公司会出现"反正好或不好，后面有人帮我擦屁股，我只要想办法把量给赶出来就好"

的想法。检查工作近线化，能够及时反馈质量问题，让制造端立即知道问题所在，而阻绝过多不良品的产生及损失。

而把检查工作"近线化"对于品检工作则还有一个好处，就是可以提升品检工作的效率。

若将制造与品检工作分开，品检人员对于生产节奏并不会有太多感觉，实务上我们常可以看到同样的检查工作，A品检员每小时可以检查30件，而B品检员则每小时检查20件。当前面没有催促的压力，B品检员可能就慢慢做，到了即将下班时发现今天进度落后而加快脚步，结果因为速度加快而忽略掉许多该检而未检的项目。

若将品检工作与制造端联结起来，依照生产节奏配置品检人员数量，追求制造及品检节奏的一致性，也就是制造一件产品的时间等于品检一件产品的时间，如此一来品检工作也能够有标准可供遵循。

让制造与品检联结

于是我们可以发现将制造与品检工作联结，有三大好处：

- ◆ 消除浪费 (运搬、库存、空间)
- ◆ 强化制造端的质量意识
- ◆ 品检效率的提升

所以当我在进行企业辅导时，非常喜欢请同仁们拿出公司厂区的布置图，以设定好一个主力产品为例，从其原料、零件的放置处开始，在地图上依序绘制出流向。这时候最常听到的惊叹是："为什么需要走这么多的距离？""用货梯搬到二楼加工再运下来的用意是？""路线怎么会是曲曲折折甚至还有逆流的情况呢？"

因为过往台湾地区企业在配置生产区域或设备时，总会以工作形式作为分类基准，例如将冲压设备全部置于冲压区，将组装作业全都置于组装区等。但这种规划方式造成的问题就是长距离的搬运，以及因为工作站分离所造成的半成品库存及搬运。

所以"理顺序"的目的有两个，第一点"依照作业顺序衔接工作站"，以减少逆流或搬运距离过长的情况。

第二点"尽可能合并工作站"，通过工作站的合并以减少搬运及库存产生，甚至还能够达到重新配置所需人力的效果。

思考制造或服务的流程是否存在"断点"。

如何通过理顺序的方式，缩短前后工序的距离以节省搬运作业耗时，或是重新确认前后工序合并的可能性，直接省去半成品的库存堆积。

把点连接成线，如同台湾地区的河川一样短小流急，才能创造反应快速、效率迅速的流程价值。道理听起来似乎很简单，却非常值得大家回头检视自己或团队工作流程，相信一定能够为你带来收获。

M

生产管理端平准化：
化整为零、风险趋避的生产模式

别误会，这的确是一本专业论述精实管理的书，但我们要来玩个小测试，测试看看：你对于风险的承受程度为何？以下有两个选择：

> ① 是份稳定不变的工作，月薪 5 万元
> ② 是份变动剧烈的工作，每个月有 50% 的概率拿到 2 万
> 　收入，另外 50% 则是 8 万元

给你一首歌的时间，相信选择①的人会占多数。不论从经济学、心理学还是金融角度，风险趋避（risk aversion）是人之常情，毕竟人类在族群演化、社会演进过程中，追求相对稳定的状态是族群社会长期发展的关键。所以我们喜欢制订计划、思考规划，又最害怕老板临时一句话。

听到这里，你一定想说，到底这关丰田精实管理啥事？好

的，我们要来进入正题，探讨丰田之所以在全球汽车业能够横着走的关键："平准化"。

　　刚才的小测验中，既然大多数的人都是风险趋避，那么企业组织负担那么多家庭的工作生计，难道会走冒险犯难的路线吗？好吧，我知道诈骗集团除外。然而对于制造相关产业来说，又何尝不希望有稳定的生产机制，而不是三天打鱼两天晒网。忙的时候买机器、招聘人力、加班，空闲时设备闲置、放无薪假，这种胆战心惊的经营模式别说老板不接受，就是员工估计也受不了。

　　那究竟所谓的平准化代表的意思是什么呢？

　　平准化生产就是将每日所需生产量的落差予以平均，谋求生产量变动缩小。

没有平准化遭遇的生产问题

　　我们就拿企业的生产主管部门试着排程看看吧！现在公司要生产三种产品，A 产品一个月要 30 万件、B 产品一个月 3 万件、C 产品每月 18 万件，而传统生产主管单位的排法就是 A 产品生产 10 天要用 15 个人，B 产品生产 10 天用 7 个人，C 产品最后也用 10 天时间生产，需 12 个人。（因为产品工法、复杂度及所需设备造成所需人力的差异），于是 A、B、C 三种产品就是各自分批生产，如此一来会产生几个问题。

人力需求的不稳定

A产品要15人、B产品要7人、C产品要12人，这样公司制造现场假设编制15人，那么生产B产品时要考虑闲置8名人力问题，又生产C产品时要设法从其他单位征调4人进来。

供货商大批量供货

由于我们内部生产排程都是一口气生产完单一产品的做法，所以物料零件的准备也会提早向供货商拉货。为了应付供货商大批量一次性的供货方式，我们在内部仓储空间上也要准备相对应的空间及仓管人力。

对应变化的灵活度低

由于我们都是采取A、B、C三种品项的大批量一次性生产完的方式，如果客户端临时需求有变动，或是市场需求突然萎缩或上升，都会让生产对应有所不及。

例如这个月已经到了25日，我们已经在生产C产品并且赶着月底交货，如果客户突然说A产品要追加2万件，或是B产品希望调降1万件，我们都已经把计划量生产完毕。追加部分还有机会加开班次或增加人力设备应对，但调降部分就只能继续放在我们仓库中占用空间甚至造成质量问题。

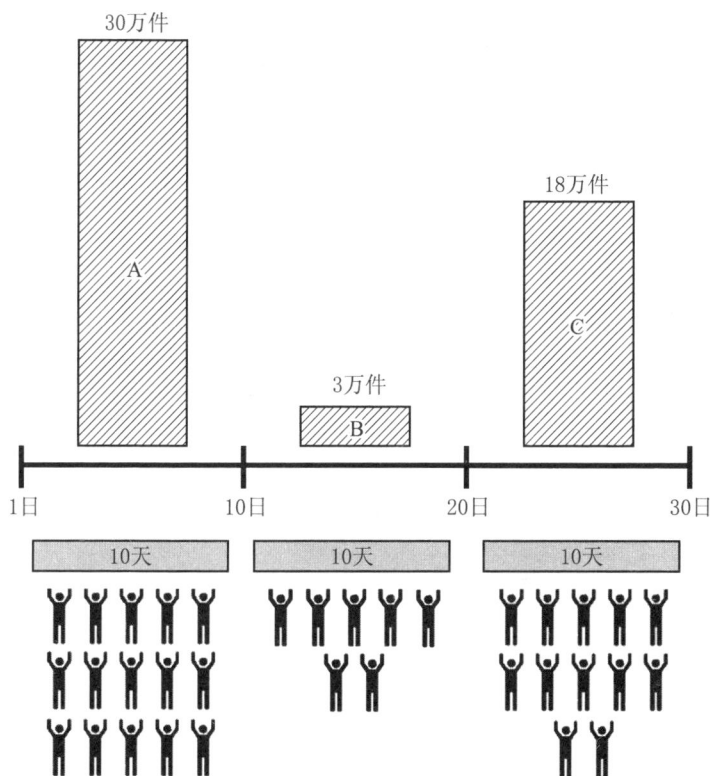

30万件		18万件	

缺点

1　不同产品所需人力不同、调度不易

2　备料或成品都是一次性大批量（花钱占空间）

3　如果25日时，客户说A只要28万件也来不及调整

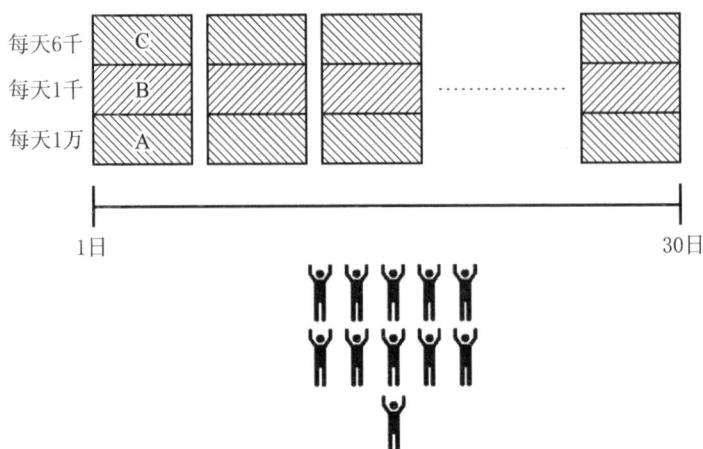

优点
① 所需人力一致
② 备料或成品都能小批量供给（空间需求低）
③ A、B、C三种产品每日生产、订单调整性较高

平准化生产的处理流程

　　而理想中的平准化生产是什么状况呢？每天 A、B、C 产品三种品项都各生产 1 万件、1 千件及 6 千件，人力配置也能够稳定在以 11 人进行生产。

　　究竟这样做的好处在哪里呢？

　　首先平准化能够让整个生产体系处于"相对稳定"的状态，

内部能够以固定的人力配置进行所有生产作业，无须担心人员频繁更替造成效率降低、质量问题等影响。

而对外部供货商来说，如果从每月一回的大批量交货改为每天交货形式，不仅在交期、质量上的表现会提高，供货商也会有安心感。

重点是公司对应客户或市场变化的能力会增强，因为每天所有品项都在进行生产，不论在月初、月中还是月底，风吹草动都能够适时调整。不会造成大量完成品存货堆积在仓库滞销的情况。

生产无法平准化的瓶颈

所谓的生产平准化对于台湾地区汽车相关企业，特别是有供货给国瑞汽车（日本丰田汽车公司在台湾的制造基地）的一阶或二阶供货商都已经驾轻就熟。

然而从2012年开始接触例如台湾地区的手工具、食品、机械等企业时，这才发现许多企业因为境外客户订单需求不稳定的关系，都还是采取大批量一口气的生产方式。当然也有厂商是因为过往习惯的排程方式而沿用至今。

当我们切入进行辅导改善工作，就会思考，究竟造成问题的原因是什么？

先讲结论，生产无法达到"平准化"最大的瓶颈就在于"换模换线时间"，也就是切换产品生产的

能力。

试想如果从 A 产品要切换至 B 产品生产，物料的更换、旧模具的拆卸、新模具的更换组装、设备条件的设定及所有微调工作，可能要花费超过半天的时间（相信我，这很常见），所以如果每天都要生产 A、B、C 三种产品，第一个碰到的困难，光是换模换线就占用绝大部分的工时，这是硬伤啊！

所以我才说光是换模换线时间就会让绝大多数的企业卡关。至于怎么缩短换模换线时间，我们将在后续章节讨论。

生产平准化的目的，是希望将客户需求高低的落差消弭，通过内部快速切换产品品项生产的能力，让供货商供货、内部人力配置、库存产出方式都能够有稳定一致的效果。

在实际企业辅导过程中，有过许多经理人提出过"频繁换模换线反而影响生产""急单需求怎么做平准化"等质疑，但换模换线是应该被优化，所谓急单往往从接单到交货也都还有一定时间缓冲。

重点在于你是否真的愿意为了更好的未来而放弃、改变现有的做法，这才是关键。

3-3

—

制造端平准化：
团体战的平衡分工就能提升产能

在台湾地区前五大汽车零件厂的制造现场，乡民口中"神车"的座椅锁生产线面临产能不足，需要每天加班四小时的情况，看着现场三位作业员的动作，不需要秒表或手机进行时间调查就已经直觉反应："这还有救！"因为看到后面两位作业员在完成一件产品后都会出现等待的时间。

在全球最大工业用剪刀制造商的生产线边，外籍劳工每五个人一条生产线，正马不停蹄地组装产品。公司希望借助顾问的专业，在订单需求越来越高、员工却越来越难招募的情况下，还能够维持过去 10 年来的高成长曲线。看到生产线各工作站间作业员堆积半成品的状况，我们笑着跟副总说："这没问题。"

以上两个改善案是近几年非常经典的企业辅导实例：

最大的特色就是在公司不调整任何工法、不额

外增加支出的情况下，却能够为该生产线提升超过 20% 的生产效率，创造每年超过 50 万新台币的价值。

究竟是什么好用的法宝让我们能做到这件事呢？

为什么光是平准化就能提升产能？

生产在线有 A 员、B 员、C 员三人，三个人负责的工作有顺序性的前后关系存在，每人单件生产工时分别为 37 秒、30 秒、23 秒，那么每小时能够生产几件呢？让我们低头倒数 10 秒钟（10、9、8、7、6、5、4、3、2、1），时间到，答案是 97 件（3 600 秒除以 37 秒），因为 A 员就是整条产线中的瓶颈所在。

所谓平准化，就是试图将产线工作进行平衡分工，让每个人的工作负担一致，进而让整条产线达到最大生产效率。

以上一段的计算题为例，我们把 A 员、B 员、C 员的工作时间加总为 90 秒，如果平均分摊给 3 位就是各 30 秒，那么每小时能够产出 120 件完成品。

我们只是调整作业员间的工作内容，就能够创造超过 20% 的效率。

前慢后快　等待时间

前快后慢　库存堆积

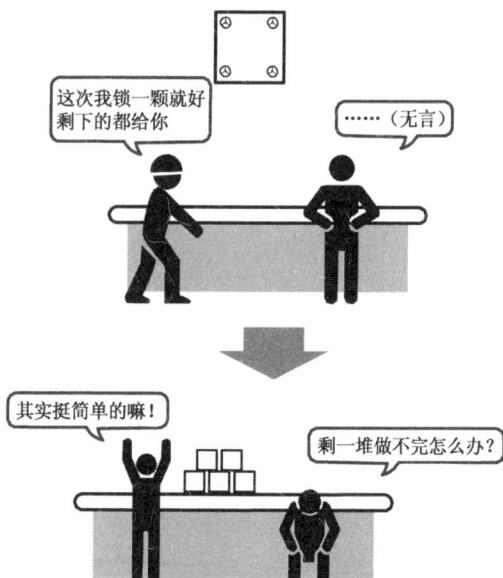

为什么企业内常常做不到平准化？

"顾问，如果平准化真的像你说的这么神奇，为什么公司内部却没办法自己做到呢？"

既然这种方式太简单，那我来跟大家解析一下，为什么许多企业无法做到呢？

问题一：以工作内容分工，而非工作秒数

这种工作分配方式最常见于公务机关体系或官僚系统，你负责挖洞、我来种树、他回填土，至于谁的手脚快慢、工作难易都是各扫门前雪。今天我没来种树，前面还是会有人挖洞，后方的人依旧回填土，对于产品制程的完整性在乎的人少之又少。

问题二：以设备机台分工，而非工作秒数

生产方式如果是以机器设备为主，作业人员最简单的编制就是一个萝卜一个坑。既然在实体距离、操作方法上有差异，所以每个人专注在自己工作范围，缺乏整体概念。每天工作的重点就只着眼在自己负责的机台上。

问题三：以工作能力分工，而非工作秒数

工作因为熟练度差异，加上对于现场教育训练的不重视，造成"蜘蛛人效应"（能力越强，责任越大），这对公司来说并非好事。因为职场老员工的负担越来越重，新人则因为工作熟悉度低被安排到简单、重复性高的工作。

如果你想针对公司内部制造或服务流程进行"平准化"改善，那么下面是我建议的几个重点，也是许多企业过去自行摸索无法突破的关键。

拆解工作细项达到平准化

在企业辅导的第一线，许多人都会好奇地问我："顾问，工作我们已经尽量拆解了，但还是没办法达到平准化。"

其实你看到的只是工作名称，应该看到的反而是作业细项。

例如前工序38秒跟后工序32秒之间差了6秒钟，但前工序的最后一项作业是以电动螺丝起子锁附产品四个角落的螺丝，可是有人规定四颗螺丝都一定要同一位作业者锁吗？

如果我们把对角线两个螺丝交给下一位作业者锁，那么就有机会让前工序减少为35秒，达到后工序也是35秒的工程平衡状态。

人员的"多能工"训练达到平准化

许多公司想要进行平准化的改善，最大的问题是员工无法以时间进行工作内容的划分，而是以单一工作项目、设备机台学习工作。

这并非作业者的问题，因为技能培训、定期轮调等以"多能工"为目的的训练，是企业的责任，也只有企业体认到这件事才有办法推动后续更多的精实管理相关改善活动。

所以平准化说起来也是公司改善决心的试炼第一关。

最后要来教大家怎么在工作职场快速找出能够进行"平准化"改善的切入点，记住这两句口诀就能够看出不平准的问题。"前快后慢，库存堆积；前慢后快，等待时间。"

简单来说就是如果你看到流程中有库存堆积的情况，那么就应该反射性想起存在前面工序比后方工序快，后方应接不暇造成半成品堆积的情况。而如果发现流程内有人存在等待时间，代表前面工序比后方工序来得慢，所以后方工序每完成其工作后仍存在时间进行等待。

分秒必争的一级方程式（F1）赛车，车手驾驶着高性能的赛车以时速 300 公里在赛道上狂奔，然而除了各车厂车子性能、车手技术外，更换因高速而磨损的轮胎也是取胜的一大关键。当车手以 60 公里的时速驶入维修站，前方技工以千斤顶架高车体后，12 名维修技工要凭借着精准的技术、每年上千次的练习及事前分工的完备，只需 2 秒左右的时间就能同时更换四个轮胎！电视屏幕里那种团队合作的极致呈现，不就是企业追求生产或服务流程平准化的最佳表现吗？

M

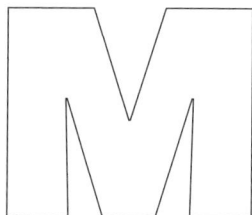

生产端一个流：
避免批量生产的停滞与浪费

这一篇我们终究要碰触这个禁忌的议题，这是一个我过去十年在两岸企业间辅导企业推动精实管理的最大阻碍："一个流生产"。

先开门见山谈一下何谓"一个流生产"，顾名思义就是希望产品在加工制造的过程中，不采取批量生产的方式，最极致的做法就是以"单个"为单位进行生产，做完一个马上传递到下个制程。

如果要用一句话解释就是"做一个就交一个"，听起来好像并没有太多困难，但为什么我会说这是精实管理的最大阻碍呢？先来看看下面这个故事吧。

某世界第一的锁类产品制造商，在 2012 年时遇到产能要从第一季每日 45 000 件要提升到第四季每日 85 000 件的重大挑战。需求要在短时间内提升近90%，公司接到这样的大订单，想过要找大陆厂协助，但大陆厂也订单满载还有关税、运费、时间等问题。扩建生产线？但是接近翻倍的订单量，公司现有厂房也没有多余空间可供运用。

这个时候这家企业找上我们，希望通过精实管理的帮助，挑战这个幸福的负担，毕竟订单满手是好事却也令人苦恼。

于是当我们进到厂房时，发现了两个重要问题将会是突破的关键，而这恰好也是"一个流生产"的障碍，分别如下。

避免工程分散

前后制程分散，来自过往设计规划时追求各功能的最大效率，但却忽略单点效率最大背后隐含的各种浪费。

举例来说如果今天我在厨房负责洗水果，老婆在屋外车库切水果，因为距离上的隔阂，我势必会先拿一大篮水果出来洗，洗完后才会整篮搬过去给老婆切。所以就会产生库存问题及搬运动作，这在之前的"理顺序"一文中也曾提过。

避免批量生产

另外批量生产也是一个容易让人误解的生产方式，所谓的批量生产就是一次性大量生产单一产品，以追求生产效率、切换时间、人力配置的优化。

但为何我会说这是误解呢？因为批量生产是以"点"的角

度在看效率，却忽略整体过程可能造成的问题，就好比是做到了战术上的勤劳，但依旧无法掩盖战略上的不足。

以水果的例子举例，小孩明明就只想吃一颗苹果而已，但因为爸爸在厨房洗了一大篮，搬到车库给老婆切，小孩早已不堪等待而哭晕在地上。

所以就洗水果或切水果来说，速度都很快，但问题就整体流程来说却是慢的。

一个流生产的效率提升

于是我们在这家企业协助它将工程链接，摆脱批量生产，并且改成以一个流生产，最终达成了一个极为惊人的改善效益。在厂房无扩建、设备未购入的状态下，我们仅以直接人工增加 20% 的条件，成功创造了产能提升 88% 的战绩。

在改善过程中，有许多来自现场的质疑声音："这样做会不会比较好啦""你们不懂我们这一行"等，但实际成果终会证明一切，也让公司全体上下成为精实管理的最佳实践者。

看到这边你可能还是会觉得我好像是某种神秘教派的宣教者，戴着安全帽、穿着白衬衫、骑着自行车在路口等红绿灯时告诉你精实管理有多好。又或是希望有一群穿着紫色衣服的信徒双手合十嘴里喊着"感恩精实、赞叹精实"。可能上面的企业改善事迹太像神迹奇事，为了避免被说教误导，我们来换个方式进行吧？

批量生产好？一个流生产好？

"嗨，大家今天过得好吗？"很多人都说批量生产比较快，那今天我们就要来验证究竟批量生产与一个流生产到底哪个比较好。

设定的条件如下，产品需要经过 A、B、C 三种制程，每个制程的单件生产工时都是 30 秒，制造过程中各制程间的移转（搬运）时间我们就先不计算，如果我们需要生产 100 个完成品，那么就来比较"第一个完成品的完成时间"及"100 个完成品的总时间"。

首先来看看第一位上场的"批量生产"选手会怎么做呢？

批量生产在完成第一个完成品的时间为 6 030 秒，数字怎么来的呢？ A 制程 100 次生产要 3 000 秒的工时（30 秒乘以 100 个），B 制程 100 次生产要 3 000 秒的工时（30 秒乘以 100 个），进入到 C 制程后第一个完成品 30 秒就会产出，因此第一个完成品需要 6 030 秒产生。至于 100 个完成品的总时间就是 9 000 秒的时间。

再来看看"一个流生产"选手的表现。

一个流生产在完成第一个完成品的时间为 90 秒。哇！跟批量生产差异好大，因为在一个流生产时一口气完成 A、B、C 三道制程就是（30+30+30）共 90 秒的时间。那 100 个完成品的总时间呢？从时间轴来看，当第一件成品产出后，每 30 秒就会有一个完成品被产出，因此计算方式为（90 秒 +30 秒乘以 99 个），100 个完成品的总生产时间为 3 060 秒。

这是什么妖术？为什么批量生产反而会落后一个流生产这么多呢？如果我们把产品编上号码就更能够理解差异了（如图）。

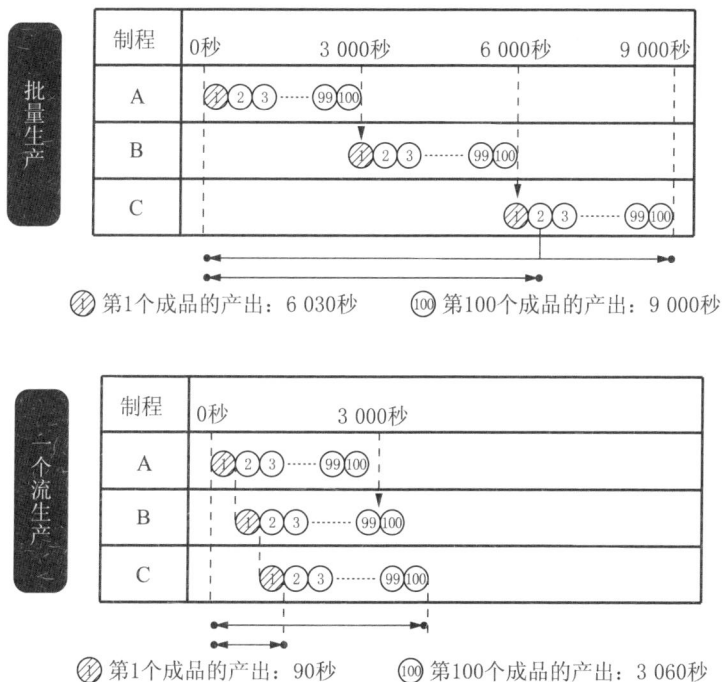

批量生产对于生产速度来说会造成"批量等待"的状况，也就是第一个在 A 制程被完成的产品，必须要等待第二个、第三个一直到第一百个产品都完成 A 制程后才会一起被送到 B 制程去，然后 B 制程、C 制程都是相同的问题。反观一个流生产则让每个产品都能够顺畅地被流动，减少等待的浪费。

我常在企业辅导或授课时用这样的例子来说明，批量生产就像是电梯一样，就算你是第一个进电梯，你也要等待后面的人陆陆续续进来后才能往上面楼层跑。而一个流生产就是手扶梯，无须受到其他人牵绊，一个个顺畅地向目的地移动。

其实一个流生产不仅在效率面有高度优势，在人员心理层面更能使其专心，我们将在下一篇继续说明。

3-5

M

信息一个流：
避免简单的事情做太多

《三国演义》作为中华文化中首部历史章回体小说，从元末明初至今带来深厚的影响，不仅在思想观念、价值取向上，甚至近年来日本的动漫、电玩等作品通过精美的人物设定，及融入现代观念的解读，成功将三国元素推向世界，成为娱乐文创产业的代表之作。

等等，这跟精实管理有什么关系呢？我们先来看看《三国演义》第五十四回，东吴周瑜向孙权献计，刘备丧妻，要孙权招其为妹婿。而诸葛孔明将计就计，派人前去东吴说合亲事以结为盟国。孙权答应后便请刘备前去东吴完成婚事，刘备怕有诈不敢前去。这时孔明向刘备表示："吾已订下三条计策，非子龙不可行也。"接着唤赵云上前说道：

"汝保主公入吴，当领此三个锦囊。囊中有三条妙计，依次而行。"

后面故事就是俗语"赔了夫人又折兵"的由来，在此就不赘述。

前一篇文章从生产效率告诉大家"一个流"的好处，不仅能够减少停滞及搬运，更能够快速找出质量问题不让伤害扩大。而今天我们再从信息情报端来检视，看看是否也能一体适用呢？

不论你在高科技、金融服务、文创还是制造业，随着信息科技的进步，你在工作中所能接触到的信息量大幅增长到几乎是不能负荷的地步。的确，我们都会有害怕信息不足造成判断失误的焦虑症，但信息过剩同样也会混乱工作的优先级。

因此早在 1963 年丰田汽车即在公司内部全面推展世界知名的"广告牌生产"方式，其目的跟产线的一个流生产相似，都是希望需要的东西，在需要的时候，只提供需要的量即可。

在接触台湾地区许多中小企业的制造现场时，最差的情况就是生产管理部门仅提供每日所需品项及数量，交由制造单位自行规划排程、人力配置等（你觉得很 low，就我所见就算股票上市公司都有）。

那么实施精实管理的企业会怎么做呢？

不多给，不多做，不只做简单的

让我以客户为例向大家说明，位于彰化鹿港的 K 公司是全台湾汽机车后视镜的最大供货商，生产管理人员事先将所有今天所需产品及数量通过数十张广告牌（生产指示）拆解成以箱为主的单位，接着依序投入平准化箱中。

所谓平准化箱，就是通过时间轴上的切割，将每天工时细切成每30分钟为单位的小格，并将每一张广告牌（生产指示）置入其中。

生产线的班长就如同文章一开始所提到的赵子龙一般，每30分钟就打开锦囊，里面就会告诉大家接下来要生产什么产品、要生产多少的量。

月 日"批量成形箱"				
交货时间 / 交货处	第1轮生产流程 8:00	第2轮生产流程 10:00	第3轮生产流程 14:00	第4轮生产流程 16:00
A社 a工场				
A社 b工场				
A社 c工场				
B社 e工场				
B社 f工场				
B社 g工场				

这时候你一定会疑惑："当天要做哪些产品早就决定好了，为何要多此一举，设计广告牌还要放入平准化箱呢？"

这其实跟人的心理因素相关。

你是否曾经在星期天雄心勃勃地在行事历上列出一大串的本周待办事项，期许自己"昨日种种譬如昨日死，今日种种譬如今日生"。结果一周过去了，你发现简单好做的事项都很快消除了，可下意识排斥的事项怎么样还是留在原地，或者誊到下周待办事项继续骗自己。

因为我们理智上都知道哪些事情重要，但重要的往往不容易，但罪恶感爆棚的我们就只好先做点简单的工作，至少账面上我们用十件事已经做完八件来规避良心谴责。

简单的事先做，会在工作职场上产生这三项缺点：

- ◆ 需要时无法及时供应必要的产品服务（缺货的风险）
- ◆ 容易造成简单的产品做太多的浪费（多做的浪费）
- ◆ 生产顺序的紊乱让资源配置无效率（等待的浪费）

在工作现场真正所需的信息其实并不多，如果作为管理者因为信息焦虑而提供过多信息给第一线，不但是种浪费，也容易诱发人员不自觉产生"简单的事先做"倾向。

以生活情境为例，餐厅内场厨师如果在用餐高峰时刻同时收到大量点餐单，厨师们权衡着一份早早下单的麻婆豆腐与三份后来才到的凉拌冷笋，很容易就会想先把冷笋摆好、美乃滋挤上后先出单。但是从顾客的角度来讲，他们肯定会想隔壁桌明明比较晚点餐，为什么他们的菜却比我先上？这时候客户的不满情绪就容易出现。

一个流的重点就在于依照需求适时提供产品或服务，过量的信息情报反而会变成人们困难趋避的帮凶。

只提供必要的情报与信息

所以丰田汽车早在 1953 年就思考到这层因素的影响，而东汉末年诸葛孔明想必也是思考到这点，所以才会特别叮嘱赵云锦囊妙计需要"依次而行"的重要性。三个锦囊的内容依序是：

1. 五百军士披红挂彩，宣传刘备入婿东吴
2. 谎报曹操发兵荆州，要刘备速回坐镇
3. 请孙夫人出面拖延，让第一波追兵无功而返

试想赵云如果一开始就直接打开三个锦囊，依据人类有"简单的事先做"的倾向，那么有极大可能他会先挑第二个锦囊来执行，于是刘备直接返回荆州。接下来三国的故事就会成为架空的历史重新改写了（笑）！

所以请各位在进行个人或团队工作规划时，通过本篇"信息一个流"的概念：**你应该先确定各项任务的先后顺序，接着提供相关人等"当下"工作任务的必要信息（如产品名称、所需工具设备、所需时间、人数）即可。**

情报信息共享是现代组织管理的重大议题，但就执行面而言，过度的信息共享反而容易造成第一线的困扰与错误，提供给各位参考。

M

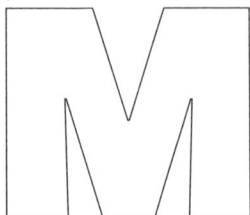

快速换模换线：
降低库存、因应变化的利器

从 2017 年开始，台湾地区某餐饮集团邀请我去指导"精实管理""5S 活动"及"目视化管理"三大议题。

由于上课学员有全台六大品牌、35 个据点的内外场主管，所以公司特别安排我到分店去观摩外场带位、收桌等接待服务，还有平常难以窥见的内场料理现场。一方面我借由现场访查了解了作业内容、管理方式等，其实我也从中菜师傅在厨房内场叹为观止的炒菜功力、出菜速度，体悟到其实许多管理原则是能跨产业相通的。

先来谈谈"快速换模换线"，这是日本丰田汽车因应消费市场越来越多变的需求，而发展出来的技术之一。

说个题外话，其实许多管理理论或技术并非不食人间烟火

躲在办公室、实验室内所做出的推导，相反地是由现实环境的
需求而产生的实务经验归纳而成。

回到文章一开头我所提到的中菜师傅的料理画面，恰巧就
是快速换模换线的呈现。首先你要先认识这三个名词"外段
取""内段取"与"调整时间"：

> ◆ 内段取：设备停下来后才能做的跟换模换线相关的事情。
>
> ◆ 外段取：设备不用停你也能做的跟换模换线相关的事情。
>
> ◆ 调整时间：指人员需要凭借经验、技术做设备位置、
> 　条件等精密微调（也是换模换线作业）。

接下来我们就来看究竟日本丰田汽车在 20 世纪 50 年代就
已经能把四小时的换模换线时间缩短到十分钟以内是怎么办到
的。请看 VCR！喔不对，我们这是书本，那就让我一步步拆
解给你看吧！

区分外段取、内段取及调整时间

如果你看过《中华一番》动画，势必对李严与小当家之间
的龙虾三争霸中那句"所以我说那个酱汁呢？"印象深刻。为
了满足客人的口腹之欲，厨师对于时间的掌控度十分重要。而
时间是动作的影子，如果我们想解决问题，那么第一步就先从
拆解动作问题开始。

先重新省视过一次换模换线的所有动作，把所有作业内容

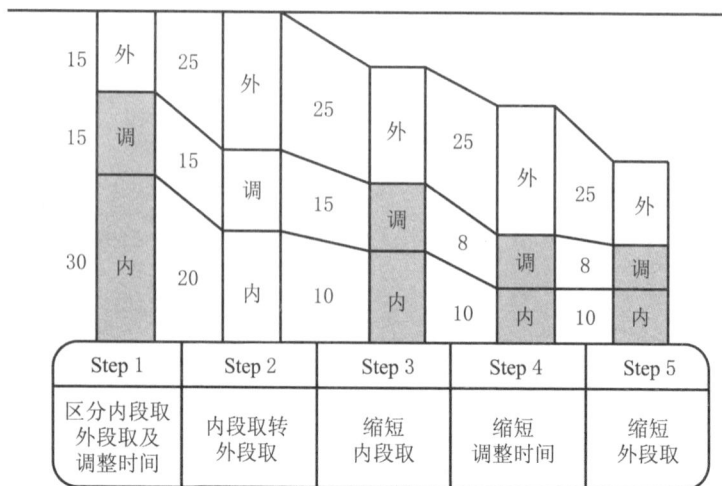

注：设备真正停机时间 = 内段取 + 调整时间

以此图表为例从 Step1 时的 45 分到 Step 5 时降为 18 分

逐项拆解并区分成外段取、内段取及调整时间。

通常没有做过快速换模换线改善的作业，内段取占整体时间的比例可能会高达七成以上，自然设备停止运转的时间（非稼动工时）就来得多。

内段取转外段取

以我观摩台湾地区大型餐饮集团内场作业的实况，中菜师傅之所以能够以两分钟的速度完成一道菜，最重要的就在于内段取转外段取上。

如果是我自己在家里做个牛肉寿喜烧（老婆对不起，我知道我很久没下厨了），我事前备料就要花 20 分钟、煮完后还要先洗完锅铲才愿意上菜，而这些其实都可以利用外段取完成。

中菜师傅在内场会有二厨、助手等"事前准备"材料及"事后处理"收尾，通过这样的拆解分工，才能够把没在炒菜的时间降低，让客人等待的时间减少。

回到职场上，目前换模换线时的工作究竟有哪些才是非得停下产线才能完成的？又有哪些是可以事前准备及事后处理的呢？例如下个产品生产前的材料、空箱、模治具的准备到位就能够先做好，而拆下的模具、做完的最后一箱完成品入库则能够事后再处理而不急于停线时花时间在上面。

缩短内段取

我很爱看料理节目，经常在节目上看到大厨们传授许多小技巧如何让牛肉更快熟、让米更容易入味，这些缩减时间的妙方是大厨们在千百次烹饪过程中所积累的经验，也让大家节省更多失败的成本及燃气费用。

当我们把部分的内段取时间转为外段取后，剩下来避无可避、我们能做的就是如何用更简单方便的方法完成它。

例如我常在制造现场看到许多企业的模具拆卸及装载的过程中，大量使用螺丝作为固定的工具，但其实你可以试着在保证安全及质量的前提下，试着减少螺丝数量或用夹具取代。

因为如果你拆一个螺丝需要 30 秒，那也代表着锁回去也要耗费同样的时间，更不用提工具的不同、人员熟练度的差异等。

缩短调整时间

虽然大家总爱诟病中式料理在厨师技能养成上存有太多模棱两可的地方，就跟很多料理节目看到大厨一边拌炒着肉片，然后说着"接下来我们要调味，盐巴少许就好"，可是他口中的少许却是小汤匙挖了三四匙，甚至最后勾芡前尝了味道后觉得盐不够还可以再来两匙。

不过现在餐饮集团的内场作业为求各家分店口味水平的一致性，在最后调味阶段依照不同的菜色、人数、分量，甚至加入时间点，都会有固定的标准作业可循。

但其实对于快速换线换模作业来说，我们必须大幅减少人控因素，所以像是定位点的对齐，或是按照不同产品条件在设备上做成频道按钮选择，都是具体对策。

缩短外段取

如果在厨房中大厨独当一面，但众星拱月却有二三十人，虽然大家都是分担着各种外段取工作（例如洗菜、备料、切菜、摆盘、清洗等），但效率还是不高。

因此快速换模换线的最后一步也会针对外段取作业进行改善，例如每天麻婆豆腐要接受超过 100 份订单，代表着盒装豆腐要用人力以菜刀切八刀成豆腐丁，于是早上 10 点可能就有两位助手挥汗如雨处理着堆积如山的盒装豆腐。这时候如果有台简易设备处理豆腐切丁，那么助手们的工时就能够拿来做更有附加价值的工作。（这是大型便当工厂的真实案例。）

如果企业针对快速换模换线已经能够考虑到缩短外段取阶段，那么要先恭喜您，因为想必公司在换模换线的速度上已经具备相当程度了，但好还要更好，外段取所耗费的人力、时间也不能忽视。

快速换线换模是一个非常重要的改善手法，其目的是降低企业在单一品项上的产量，以避免大量库存的产生。

M

不要再当金钱战士！
买设备永远是改善活动的最后一招

前两天阿伟在电话中炫耀说，他在网络上花了重金买下当年很喜欢的 Jordan（乔丹）12 代球鞋，马上穿去河滨公园打球，结果一个人远投近切杀进杀出，甚至还打赢报队的甲组球员。

你心里想："这个阿伟的球技普通，连我阿骂都守得住，怎么可能换双鞋就有如此奇效？"

昨天晚上回家老婆说她请代购从日本扛了一台水波炉回来，要我随便点餐她都能做出来给我。她一边看着《地狱厨房》节目，一边笑着评价参赛选手："不会用水波炉吗？煎炒卤拌烤，样样难不倒。戈登主厨不要太猖狂，我的肉绝对是熟的。"我看着餐桌上焦黑的荷包蛋，心里想着："不是买了水波炉吗？为什么还要煎荷包蛋，而且熟好像不等于焦黑。"但宝宝心里苦，宝宝不能说。

为求婚姻和谐在此郑重声明我老婆厨艺真的好。以上是节目效果，请勿误会。但上面两则看似荒诞的故事，其实在企业里经常出现，而且不分产业、上市企业与否都有的一致性思维：将购买新设备作为内部改善的最佳解。

这两年有许多竞争焦虑症的企业经营者不约而同问我："我们想推自动化、工业 4.0，到底应该怎么做？"

甚至到了许多制造现场会看到闪亮精致的机械手臂、信息密布的屏幕广告牌、多如牛毛的电眼检测装置。料想企业老板应该引以为傲，但看到的却是愁眉苦脸抱怨资本支出过高，设备摊提折旧造成产品竞争力下降。

解答其实常常在自己身上

为什么会出现这样的情况？因为我们面对现有困境时，往往容易期待一个完美的解答、方案，如同救世主或救生圈一样，只要抓紧就能解决所有问题。

但有时候问题的解答并不见得在他人身上，而是反求诸己就能找到。

公司应该先针对现有流程、作业方式及常见问题进行检讨并找寻改善的可能，例如：产品在制造流程中是否产生过多搬运及停滞？或是人员配置上是否出现等待闲置？质量问题是来自物料、人员、做法还是设备（模治具）精度？

制造流程中出现过多搬运及停滞，那么应该检讨是否能够将前后制程合并，还是通过小批量搬运来减少停滞？人员的作业方式则能够通过人因工程学（HE）检讨物料摆放位置、双手动作范围、装配角度等。

而质量问题牵涉层面更广，供货商水平、防呆避错装置的设置与否、模治具的定位精度等都需考虑在内。

有钱就真的能任性吗？

那如果公司说"没关系，我们就是有钱！我们就是现在就要！"，有钱就是任性的情况下可能会有什么结果呢？

- 新设备并未重新考虑设置地点及顺畅性，仍依照现有生产流程来配置，公司前后制程间的半成品库存不会消失，而且搬运作业依旧存在。
- 通过机器人取代人员作业，但原有人数就已过剩，导致投入太多机器人。为求生产稼动率而生产过多不需要的产品，反而造成库存激增。
- 以为新设备的加工能力提升，过往质量问题希望能获得解决。但其实质量问题来自供货商物料、搬运中造成的外观损伤，无法改变不良率高的问题。

简单来说，你想要旧屋换新家，但家具衣服等没有断舍离过，环境也不懂定期清扫整理，到头来那仅是把无价值的浪费一起带去而已。

花钱换新房子（新设备）反而没有预期效益。

扎好马步的改善更有效

联华食品从 2013 年开始接受精实管理的辅导，对食品制造业来说，生产制造流程例如混拌、油炸、调味、包装等多以自动化设备为主，人员的使用多半在于设备旁的质量确认与后段装盒、装箱、叠栈等人力作业。

以万岁牌罐装坚果生产线为例，在改善初期团队成员们接受顾问的建议，先以"不花钱的改善"为主，仔细观察现场的浪费问题。一年过后在产能不变的情况下，通过产线平面图的调整、人员动作的整并等做法，将原有的 16 人配置降为仅需 7 位作业员就能够达到相同产能，推估一年至少能够省下 100 万人民币的成本。

当改善团队已经把现有生产方式修正至极致时，才开始评估是否有机会导入机械手臂取代人力作业进行装罐、锁罐。从 16 人到 7 人，再从 7 人演进到现有的 5 人加上两支机械手臂，仰赖的不是最新的设备或技术，而是团体智慧的发挥。

这些改善过程的经验积累，更是公司内部人才育成的重要养分。

因此，精实管理的辅导过程包含流程优化、消除浪费、降低库存、提高质量、缩短交期等层面。这些"日常议题"并不特别也属常见，就算你在工业 2.0、3.0 或 4.0 都需要做。只是扎马步的功夫辛苦还得要大家能够耐着性子，逐一检视产品制造环节从厂商进料开始，到产品出货为止的各种问题、浪费与异常。

有钱投资是优势，能不花钱是本事

我们常说："长得漂亮是优势，活得漂亮是本事。"其实企业组织也是一样，"有钱投资是优势，能不花钱是本事"。如何在面对问题时能够把不直接购买新设备作为解决问题的对策，想办法在"不花钱"的前提下进行改善工作，需要高层支持及改善团队的用心才有机会达成。因为花钱买设备的做法，你想得到，你的竞争对手怎么可能想不到？但如果你能够在不增加资本支出的情况下就能达到目的，那才是真本事。

最后提供一个建议给企业经营层或专业经理人的你，在你起心动念希望购买新设备前，能够重新检核这三个步骤：

"物"

原料、半成品到完成品的生产是否顺畅？没有过多停滞与搬运吗？

"人"

现场作业人员是否能够依照需求量弹性配置？每项作业是否已经优化而没有浪费动作呢？人员的多能工训练是否完备？

"设备"

现有设备稼动率已经最高？换模换线速度已经不能再快？设备加工能力已经最快？因异常或故障造成的停机时间最少？

想依靠设备作为改善的方法，就如同武侠小说中如果你内功不够深厚、招式不够熟练，那么即便拥有神兵利器也会在比武过招中败下阵来。不是兵器的问题，而是你没有配得上它的能力。

换言之，改善活动就是一个"反求诸己"的内省行为，买设备之前永远先问自己一句："现在的做法难道不能更好了吗？"与大家共勉之。

M

假效率公式 =
人数 × 作业时间 × 单位产量

　　"老师，这条产线我们自己也在想办法找到动作上的浪费，并且重新配置人力，本来5个人一整天可以做800件，现在预计4.5个人能做1000件呢！"某手工具大厂的王经理这么对我说道。简单一句话，你能看出其中有什么端倪吗？

　　扭力扳手、钳子、剪刀、锯子，是每个人工作或生活中需要但没有太多存在感的工具。就如同大家的第一印象，台湾地区的手工具业也是一个在媒体前相对低调，但却蕴含极大爆发力的产业，每年能够创造超过相当于200亿人民币的出口产值，可以说是众多"隐形冠军"之一。

　　不过相较于其他制造产业，手工具业的平均员工人数少、所需设备投资低，也因此制造现场衡量生产效率，多会以"人力""时间"及"产量"为评价标准。刚好在这间手工具大厂的辅导过程中，发现主管正好掉入效率的陷阱，因此特别想跟大家分享究竟何谓真正的效率。

人员投入数的陷阱

你看到过产线的作业员刻意放单手作业吗？

有时参加许多由行政单位所举办的年度成果发表会，看到企业发表的主题会宣称有 1.5 人或 3.5 人的改善效果。如果是两条生产线原本两个人的工作改为一个人作业，那么换算到单一条生产线确实有 0.5 人的效益。

但说实话，更多时候这是个迷糊账。因为让我们用成果来说话，现场哪来 0.5 个人的计算方式？请问是请作业员用一只手做事吗？

所以人员投入数部分我们要看的是完整人员差异，避免端数（零头）人员差异。

另外在改善活动中，许多企业的行政部门在改善效益评估时，会出现计算值与实际值不同步的情况。例如想利用"平准化"进行工程平衡，让原本 8 个人的生产线调整成 6 人作业。但行政部门可能仅依照各工序时间观测数据进行计算，却忽略各工序间可能有螺丝锁附、组装完整性、质量考虑等因素存在，并不见得能够轻易划分，这点也要请各位多加留意小心。

作业时间的陷阱

许多时候我们总会直观地认为制造或服务产出的过程，如果能够像是计算机一样执行"多任务模式"就是种高效率的展现。但请各位不要轻忽各种作业间的切换损失。

某家汽车零件制造厂，改善示范线原本 5 个人一整天产出 480 件，经过三个月的努力后，5 个人只需花费 6 小时就产出 480 件。换算下来每人每小时产出从 12 件提高至 16 件，效率提升 33%。乍看之下效果十分可观，经理点点头、老板笑呵呵，但作为顾问的我却在产线旁边面对殷切期盼的大家泼了一盆冷水。

因为我知道考虑制造现场实际状况，这种改善方式反而容易衍生出其他浪费，尤其是产线切换的损失。

所谓"切换损失"在实质上包含你做完的东西需要入库、旧的模具要拆卸、新的模具要装上、零件物料要准备、机器设备因品项不同需要重新设定条件等。

另外也包含作业人员从前一品项切换至新品项的学习曲线，与心理放松再绷紧而影响生理的可能。所以原本以为有 2 小时的完整时间可供下个品项生产，但往往最终仅剩约 1 小时的时间，更甚者改善数月后，作业者会"设法"放慢速度以避免产品切换的情形发生。

像这种因为生产效率提升所得到的"零碎工时"，看似为公司争取更多效率，但其实对于生产主管单位进行排程来说也是项挑战。

因为要在所剩不多的工时内排入适当产品的适当产量目标，

有其困难度在。

　　回到一开始的企业实例，我在生产线边拿起白板笔向大家解释我的建议，该产线原本 5 人作业模式不追求从 8 小时降至 6 小时，反而是从 5 人挑战变成 4 人作业，维持 8 小时工时及 480 件的产出。这样每人每小时产出从 12 件提高至 15 件，效率提升 25%。

避免多做的浪费

　　"顾问，我们调整人数你也有意见，缩短作业时间也有问题，那这次我们用更少人力在相同时间下产出更多的量总没话说吧？"不好意思，其实我还是有话要提醒，而且这才是精实管理或丰田生产方式的重点，也是许多两岸制造业厂家会有的"量大便是美"的错误概念。

　　利用相同或更少人数、相同工时却能创造更多成品，看似完美却忽略背后一个最基本的条件设定："客户订单是否增加？"

　　倘若客户的需求未增加的情况下，我们追求产量的上升，反而带来库存堆积、场地需求、包装容器需求等一连串随之而来的浪费。

　　本书前面章节曾提到精实管理的精髓就是"需要的东西，在需要的时候，只生产提供需要的量"。真效率绝对是在产量符合客户需求的前提下，通过时间及人数的调节所追求的平衡。

　　以上从人员投入数、作业时间与单位产量三大构面来谈企业面对生产效率议题时容易出现的误区。

　　如果阅读这篇文章的你并非生产制造领域，不论你在业务单位、财务单位，抑或你是医疗服务或餐饮服务的经理人，面对团队效益的追求，相信这三大构面也能够带给你收获及启发。

　　如果效率是社会进步过程中所追求的一大目标，那么对于效率的正确定义，就应该是我们不得不正视的议题。而过去我们总以为投入越多资源就应该获得更大产出，希望从今天之后，大家都能够对于"真"效率有清楚且正确的认知。

M

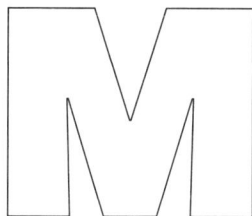

附带作业集中：
火力集中创造最大效益

初春午后，我与台湾某上市科技公司的团队讨论过去半年来的改善效益。坦白说，一开始我并不看好这家公司，因为寡占企业在市场上竞争者少往往改善意愿低，但他们在短短半年内却让我刮目相看。

"老师，之前你请我们把高附加价值作业及附带作业拆分，并且把人员配置重新调整后，我们预计多招聘一位工程师进来，可让现在九位工程师每天提升 0.5 小时的高附加价值作业时间。"课长 Kelly 语带兴奋地说着。"你们下个月要跟老董报告，拿一个人 8 小时换 4.5 小时好像说不太过去喔！"我提醒他们。

"嘿嘿，老师我们高附加价值作业的时间效益很高，所以非常划算啦！你之前教过我们备料员的方式，我一听完就想到可以应用在这里。"课长果然是备受公司器重的明日之星，现学现卖的知识产出能力很强。

一个月过后，经过他们实际在现场验证并且收集相关数据后，所计算出来的年效益相当于人民币 200 万以上。在公司全体的精实改善会议上，我特别点名赞赏并感谢整个项目团队，因为顾问只是一个站在外部给予建议、指摘的角色，真正把它具体实现的是众人的努力。

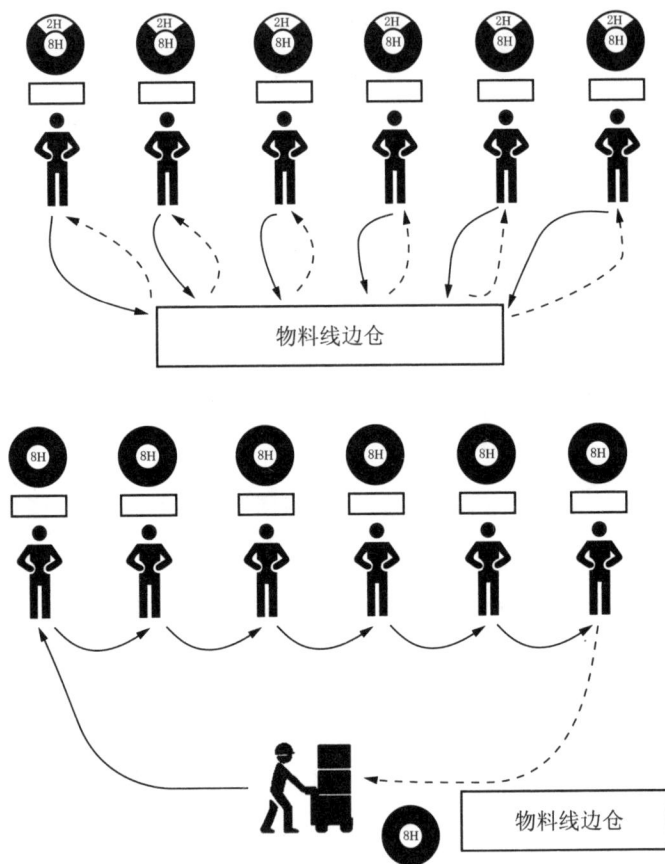

人数	总工时	附带作业时间	实际生产时间
6人	48H (6×7)	12H (6×2H)	36H (6×6H)
6人	56H (7×8)	8H (专人负责，优化)	48H (6×8H)

8H
多1名作业员（集中附带作业），额外创造12H生产
48H—36H

备料员制度

刚才在上文中所提到的"备料员制度"是什么神奇的改善方法呢？

我就拿我自己常去的牙医诊所为例好了，里面有两个诊间，当康医师在 A 诊间对病患进行治疗时，戴着口罩只露出眼睛看起来很漂亮的助理（注：这离题了吧？）这时会带下一位病患到隔壁的 B 诊间，准备好漱口水、X 光片、围上围兜并且准备好各式"刑具"，说错了，是器械。

因此康医师在 A 诊间治疗完毕后，只需走到隔壁就可以无缝接轨马上为 B 诊间的病患治疗。对只有一名医师的诊所来说，这样能够让主要创造价值的牙医师发挥最大作用。

白话文举例完，让我们换回管理词汇来说。

针对能创造高附加价值的设备或人员，如何对其所有工作进行分类，将次要价值的作业抽离出来由他人负责，让设备或人员聚焦在高附加价值的服务上。

这就是在丰田集团制造现场所使用的"备料员"制度背后所隐含的管理概念。至于要怎么样运用呢？可依照下列四个步骤进行：

工作进行拆分

对于高附加价值的生产设备或作业人力，我们可以先将其所有工作进行拆分，你会发现其实有许多时间该设备或人力是无法发挥 100% 功效的。

设备可能需要闲置等待备料、上模、拆模、清洗等作业，而能够用来生产的时间就被占用了。

人除了生产或服务时间外，也会因为准备零件物料、完成品入库、换箱、抽检等动作消耗掉真正有价值的工作。

因此第一步就是让我们把所有工作细分，并且判断各工作的价值。目的就是让设备或人员只聚焦从事高附加价值的工作。

专人负责，涵盖范围广

如果设备或人员聚焦在高附加价值的工作上，那么剩下来的附带作业我们就交给专人负责。

值得注意的是许多公司都会误会，附带作业给专人负责，他就只专心负责单一产线或对应单一人员设备而已吗？不！这不是罗宾与蝙蝠侠的关系，不单纯是某个人的助手而已。

一般来说像是生产线这样的模式，附带作业约占整体工时

的 20%，所以我们以专人只负责单一产线，他就会有非常多的
等待时间。因此合理的配置是：专人负责四到五条产线的所有
附带作业。

附带作业持续优化

由于附带作业与高附加价值工作一样都是通过专业化后，
追求其熟练、快速及质量稳定。

如果我同时负责多条产线的样品制备工作，量变产生质变，
就会更有目的地通过改善来让工作变得更简单、好做。

例如前面所提到的"备料员"制度，备料员就能够开始改
善运输工具、物流动线、搬运方式、储位标示等，这些都是通
过作业聚焦集中后所带来的后续效果。

人员训练与轮调

以制造业来说，担任"备料员"是种储备干部的概念，因
为他必须要熟知各产线生产品项、所需物料、每日排程、换模
换线等，也就是说从线扩展成面的管理职能。

所以就人员对于工作的理解来说，把这事做好是晋升的必
备条件之一。

然而对于其他形态的公司，例如服务业、科技业等，我的
建议是附带作业的集中、优化只是短期做法，如果只留在这个
阶段很容易让人产生疲惫感、优劣比较：为什么他负责高附加

价值作业或操作机台，我只能做附加作业而已？

所以接下来需要做好的配套就是计划性的人员训练搭配轮调，不让大家产生工作乏味感，同时也厚植公司人才的深度，这也是一种"多能工制度"的方式。

回到一开始的企业个案，他们公司工程师一天 8 小时的工作时间，上机时间约 6.5 小时，然而附加价值作业为上机时间的 75%，也就是说一天 8 小时中真正有附加价值的作业不到 5 小时。各位也能够依此为比较基准，回过头来分析目前个人或负责单位的作业形态，究竟真正有附加价值的作业占多少比例呢？

"附带作业集中"说穿了就是一种时间运用的方式，聚焦是种选择，为了有效利用时间所做出的取舍。因为高附加价值作业及附带作业的拆分，将其专业化的目的就是希望时间应用的质量要比原有来得更好，也让人员的注意力及执行力更加精确有效。

你还在疑惑此方法是否有效吗？我已经带领汽车零组件、医疗、科技等产业获得人民币 200 万以上的效益，对手已经抢先一步，还不试着跟上吗？

3-10

M

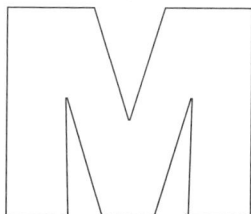

大部屋化：
打破现有组织的有效改善术

2013 年在中华精实管理协会（CLMA）的年度成果发表会上，台湾地区最大的车镜制造厂健生实业发表的改善案，吸引了当时现场超过 200 位来宾的目光。因为在完全没有调整作业人员生产方式的情况下，竟然创造出组装线面积低减 150 平方米、单趟搬运距离缩短 480 米，然后每年电费节省 4.8 万人民币的效益。这究竟是怎么办到的？

他们所使用的是种叫作"大部屋化"的改善手法，其实就是打破现有组织或分工的框架，找寻新的改善机会。

在企业发展的过程中，随着营业额的增长、工作量的扩增，大家很容易利用"复制粘贴"的方式把现有的做法等比例放大而已。这样做的好处是能够迅速看到成果，但坏处就是久而久之每个人就会被惯性所绑架，甚至看不到等比例放大的问题点。

"大部屋化"字面上的意思就是"大房间化"，想象原本叠床架屋的小套房，一声令下拆除所有的阻隔，就会有豁然开朗的感觉。

这样的做法可以带来几种好处。

节省端数人工

例如切削作业配置一名作业者，研磨作业配置一名作业者，组装作业配置一名作业者。可能三位分别所需的实际生产时数是 0.6 人工（4.8 小时，0.6×8 小时）、0.6 人工（4.8 小时，0.6×8 小时）及 0.7 人工（5.6 小时，0.7×8 小时）。三位犹如在三间套房里单独作业的方式，通过"大部屋化"打破框架把所有工作合并，就有机会以 2 名作业者的完整工时完成，节省一名作业者的需求。

当然你可能会好奇为什么原本每位作业者的实际生产时数不满 1 人工（8 小时）呢？有时现场看起来大家都很兢兢业业地工作，但真的就只是"看起来"而已。你可能会说"顾问你这么说会不会太苛刻？"，其实所谓的端数人工指的就是实际生产时数并不满 8 小时，然而公司要以 8 小时薪资提供的人力，就好比是指除法中的"余数"：无法整除，但又实际存在。

因此在实际经营中是无法抛弃的硬伤，因为工作需要人来做，但花了钱又无法提供 100% 的效率。最简单的解法就是多加一位以满足工作需求。上面的例子如果产能要扩升 4 倍，就会有三种主管的做法：

50 分的主管：拿计算器做管理，算人头增比例。原本每站各需 1 个人共 3 人，现在产能扩升 4 倍，所以就 4 倍 ×3 人变成 12 人。

80 分的主管：注意到各工作站的实际人力需求。切削站 0.6 人工 ×4 倍为 2.4 人工，但因为没有 0.4 人这回事，所以实际配置 3 人；研磨站 0.6 人工 ×4 倍为 2.4 人工，实际配置 3 人；组装作业 0.7 人工 ×4 倍为 2.8 人工，实际配置 3 人。三站总共 9 人。

100 分的主管：从整条产线的角度出发，在需求量变化之际重新改善。（0.6 人工 +0.6 人工 +0.7 人工）×4 倍为 7.6 人工，所以实际配置 8 人，甚至通过动作、搬运作业等改进挑战 7 人作业。

改善前

切削	研磨	组装
实际生产0.6人	实际生产0.6人	实际生产0.7人
配置1人	配置1人	配置1人

订单增加4倍！！该如何因应？

切削	研磨	组装
实际生产2.4人	实际生产2.4人	实际生产2.8人
配置4人	配置4人	配置4人

50分的主管
用12人
按计算机做管理
算人头增比例

切削	研磨	组装
实际生产2.4人	实际生产2.4人	实际生产2.8人
配置3人	配置3人	配置3人

80分的主管
用9人
注意各工作站的
实际人力需求

切削、研磨、组装大部屋化
实际生产7.6人（2.4+2.4+2.8）
配置8人（可挑战7人）

100分的主管
用8人
整条产线角度出发
需求量变化时
化零为整

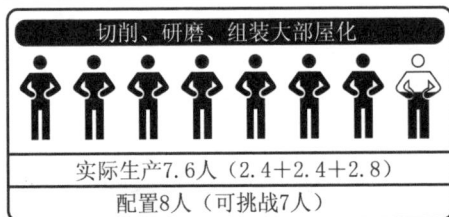

缩减搬运时间

有别于一般制造相关产业，科技业及食品业对于产品质量的要求极为严格，所以在作业区域上往往会通过空气浴尘室（Air Shower）隔绝外部污染源进入作业空间的危险。或是像食品业更需要把区域划分为"一般区""准清洁区"及"清洁区"。

这些对于产品的流向、人员的进出、搬运的距离都会形成阻碍。这些做法是为了质量的考虑，但如果没有这么严格的要求，纯粹是因为我们各自部门所形成的搬运工时，那就值得重新调整了。

例如宏亚食品在调整内部生产动线时，就曾经把巧克力的前段制造与后段包装重新合并，一口气就缩减了 200 米以上的搬运距离。甚至这么做还能够减少一些非必要工时，例如搬运前将半成品收到台车或空箱内的时间，或是搬运后把半成品从箱内或台车内取出的作业。

降低在制库存

跟上述搬运时间如影随形的就是库存这件事，如果各工站小房间的存在会让搬运作业增加，那么原因就是来自各工站所产生的在制品库存。如果我们能够把小房间打通，就能够减少库存发生与堆积，进而让整体生产速度加快。

例如信昌机械的车用天窗组装线，过往所需的零组件会散落在各个区域各自生产，可能一条主线会拥有三四条副线，而且每条副线做出一台又一台的在制库存供应给主线使用。后来在精实管理的辅导改善下，就把副线并在主线旁边。

按照"需要的东西在需要的时候只提供需要的量"的原则，在主线完成一台份的工作时间内，所有副线零件只需要也同时完成一台份的量即可。这样的改善可以让半成品库存降低 60%

以上，人员也节省 30% 的效益出现。

大部屋化的目的

那么"大部屋化"的目的是什么呢？

1. 打破部门墙壁，换位思考彼此需求

从 20 世纪 90 年代开始，全球企业化大谈扁平化或矩阵式组织，就是为了摆脱过往企业组织专业分工造成的"自扫门前雪"现象。

但过了 20 年我在不同产业界工作时，还是目睹各家公司嘴巴说不要，身体倒是挺诚实的，制造的怪生产主管排程不准、生产主管怪采购没法压厂商、采购怪业务人员乱接单、业务人员怪开发时程过慢、开发人员怪制造人员无法做出设计的恶性循环屡见不鲜。

我们在这里就以丰田汽车进行新车款开发为例，过往开发件需要等到试做阶段才能够验证产线配置、设备、模治具、人员技术的方便性、合理性与速度。

但现在则是在产品设计时就进行"同步工程"作业，也就是把之前现场所遭遇的质量问题、技术障碍、产线设备的困难都反映到前端，共同设计开发缩减流程时间。

隔阂就是由"我以为你可以，哪知道有问题""明明就很难，谁说很简单"的误会造成。

曾听日本顾问说到过往在丰田集团内新产品在试做或初期

量产阶段，制造单位甚至会要求设计开发与生产技术单位的人到产线从事生产，换个位置就要换个脑袋才能设身处地为彼此着想。

2. 刻意制造问题，刺激改善想法

以我最近一个企业辅导的实际案例来说，如果公司仓储部门（隶属生产主管部）及制造部分属两个单位时，仓储部门的做法就是把每日所需的物料直接发送到制造现场的线边仓，让生产人员自行取拿。

然而在接受精实管理的思维洗礼后，公司做了一个大胆的组织调动，把仓储课并到制造部底下，短短一个半月的时间内，有趣的化学变化发生了。

过往制造单位嫌仓储发料的量过大，让原本已经狭窄的空间更加头痛。仓储单位则抱怨现场变化过大甚至在排程顺序都没有的情况下，这已经是最佳解了。

但现在仓储并在制造底下后，就必须要面对"空间不足""生产顺序""供料量""供料时间点"等问题，最后他们内部提出一个非常棒的改善案：从一天供料一回改为每两个小时供料一回，因此空间节省 19.8 平方米，现场出现目视化广告牌清楚标示每日生产品项、所需时间、每小时目标量及实际值。

而仓储为了做好实时供料也重新规划储位、物流动线的优化及搬运工具的改良。这些就是"大部屋化"希望做到的刻意制造问题，来刺激改善想法的好处。

在生产或服务流程中，天马行空式的创意可能百年一遇，但如果我们能够通过"大部屋化"做到换位思考、刺激改善，就有机会可以低减人力需求、降低在制库存与减少搬运时间。

这些都是每日工作里都可以思索的引信，点燃后就能创造更大的改善火花。打破套房的阻隔，寻求"大部屋"吧！加油。

第 **4** 章

长期稳定

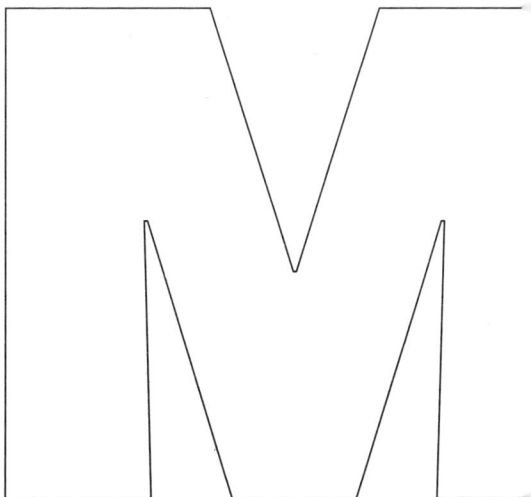

4-1

M

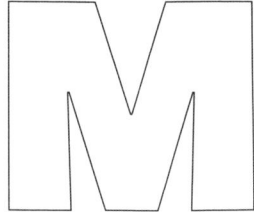

需求不会突然消失，
只是你视而不见

"我们过去这样生产就没有问题，为什么你就觉得这样不行呢？"杨课长在辅导会议上面露不满地发言。究竟发生了什么事呢？

两个小时前，我与他们一同在生产现场巡视。杨课长兴致勃勃地说着数年前公司的明星产品在大陆热销，生产线每天应接不暇，人员是一班一班地加班，栈板一板一板地出货，货柜是一柜一柜地离开码头。

"那时候的生产很顺啊！就一种口味不停地做，在不需要换线的情况下，效率非常高。"杨课长越讲越兴奋，红润的脸色反映出当年生意兴隆的景象。对于台湾地区食品业近年的熟悉程度，我在心里已经有了想法，不过看着杨课长兴奋的样子，只好先按兵不动，留待会议时再进行讨论。

回到会议室，公司制造部门副总、总经理特助及所有制造部门经理、课长等待着顾问的发言。我起身站到台前，清了清喉咙后开口就是一记"直球对决"：

"请改掉大批量生产的做法！抱歉我讲很真实的话，市场就是很现实很残酷，你没有议价能力时，那就请按照客户的游戏规则走。我当然知道如果就设备产能、单位成本来看，这不是有效的做法。你抱怨生产管理，生产管理推给业务，业务讲客户就这样，客户告诉你市场就是多变的。但如果有同业三五年前就认清这件事而开始改变调整，那我们现在还可以谈要不要适应市场？除非我们家独卖，7-11、全家、全联抢着拜托你卖给它，但很可惜现在不是这样。"

看见"灰犀牛"

以上就是身为管理顾问美好的一天，站在既对立又相伴的位置，说着不中听的话语。宏亚食品是台湾地区知名的上市食品大厂，旗下多项产品都是台湾地区消费者耳熟能详的，例如77乳加、新贵派、蜜兰诺、大波露、欧维氏等，相信你就算没吃过也一定听过。宏亚除了是台湾地区最大的巧克力相关食品制造商外，同时也是知名喜饼品牌"礼坊"的制造商。

然而从2013年底的股价高峰开始，宏亚食品受到台湾地区人口结构改变（少子化、结婚人口减少等）及外销价格竞争影响，不论是营业额还是股价上都呈现衰退迹象。现任总经理接任后，积极从市场营销端着手进行调整，在2018年时找到我进行长期顾问案合作，借由精实管理来改善生产制造端的各种浪费。

各种实际改善案及做法留待后续介绍，但我现在更希望带给公司同仁的建议是："对于变化的敏锐度。"

人类是很容易习惯的动物，"当局者迷"四个字往往只有你没深陷其中时，才有办法理智看待，不论创业、合伙、工作、结婚等都同理可证。

我们对于"黑天鹅"（指超乎我们预期与经验的意外事故）感到震惊，却对于"灰犀牛"（意指显而易见的威胁）视而不见。

大多数的"灰犀牛"可能早在三个月前、两年前就已经存在且默默进逼，是我们故意疏忽、固执己见、视若无睹。对食品业来说消费市场走向"少量多样"就是一头两吨重的"灰犀牛"，因为过去汽车业和科技电子业都走过"力量多样"的路子，食品业又怎能避免？

但站在制造端的角度来看，我当然希望如果可以一整天不切换品项，大量生产会最有效益。

可是以台湾地区食品相关市场为例，"通路为王"的态势短期内不会改变，以2018年来说最明显的现象就是各大通路（7-11、全家、全联、好市多等）推出"期间限定商品"，所以我们会看到摩卡咖啡的77乳加、香蕉口味的77乳加、热带水果茶的77乳加等。

原因无他，通路端希望通过口味的推陈出新，刺激消费者收集、选购的欲望，冲刺短期营收业绩。

需求改变、市场改变，我们也要改变

因此对于制造端来说，就出现几项重点要克服：

- ◆ 产线小批量生产的效率
- ◆ 换线速度、清机速度
- ◆ 新产品的品质良品条件
- ◆ 生产主管对库存的掌握度

过往食品业"大舰巨炮"主义讲求规模经济的做法，无法驶入现代蜿蜒曲折、诡谲多变的河道（通路市场需求）。

如果无法进行小批量、降速、少人化生产，首先面对的就是库存带来的压力，仓库空间、期限损耗甚至人员资金都会落后竞争对手。

当你突然意识到存货周转率降低、现金水位减少时，你肯定纳闷消费者为什么突然不喜欢我们家产品了。其实，需求不会突然消失，只是你视而不见、选择忽略而已。

而原因就是组织内部往往会"习惯"于现有做法，畏惧甚至是抗拒改变的"怕麻烦"心态，让日复一日的惯性控制了。

习惯，有时候是效率降低的元凶

传统制造领域走在最前端的汽车产业，虽然在生产管理、质量控管技术上有着其他行业都争相学习的水平，但其实在台湾地区近年来也面临"灰犀牛"的冲撞，那头"灰犀牛"就是进口车的逆袭。

从 2009 年进口车市占率为 19.5%，到 2018 年跃升至近 45% 的水准，首先就是汽车制造大厂及相关卫星零组件厂的稼动率，一些厂商甚至在 2018 年第四季时放起无薪假对应。10 年，都足以让一位小学六年级的小朋友成长到大学毕业，可是却看不到台湾地区几大车厂做了什么改革或因应方案，"当局者迷"再次得到残酷的印证。

那我们在职场每天的工作中究竟怎么才能够避免"当局者迷"呢？

有本畅销的心灵鸡汤类书籍，它的书名是《不要在该奋斗时选择安逸》，我稍微改写就成了答案："在安逸时选择让自己活得不舒适。"

举例来说，当公司产品的质量标准有外销欧美、日本的高标准，及销往亚洲其他国家、地区的标准时，那么就应该在内部一视同仁用高标准进行生产。因为若等待亚洲市场消费者意识抬头时才试图调整，那么步调往往过慢。宁愿一开始让自己过得不舒适，也好过将来重新适应的痛苦。

如今的宏亚食品在经营层鼎力支持下，积极推动精实管理。曾经杨课长的不悦质疑，现在已经成为改善的急先锋，因为大家都已经真正看到了市场环境的变化，如果选择不改变，那么就会是被淘汰的一群。

需求始终都在，视而不见，终究会送上门相见。

M

丰田的减法原则：
要五毛给一块？给三毛看看

　　我至今还印象深刻，多年前在一家台湾地区前五大汽车零组件厂的辅导案，那时候我刚开始陪同日本顾问进行企业辅导案。在生产线旁，负责的梁课长向我们解释由于客户订单从每月 5 000 台提升到每月 10 000 台的关系，所以组装线原本 4 人的配置要提高到 8 人以应付需求。

　　然而日本顾问却不满意地摇摇头说道："想办法用 6 个人就好。"梁课长一听差点没晕倒，事后聊起时还跟我说："当初差点叫他自己做给我看。"

　　不过一个月后，奇迹出现了！梁课长面带骄傲的笑容告诉我们，他重新调整设备布局、物料摆放位置、人员作业配置及钻孔机的行程，6 个人真的可行。

直觉可能不是最佳做法的加法原则

不论是在服务业、制造业还是办公室事务上，我们常常在不自觉中使用了"加法原则"来面对工作量增加、做法改变、人员变化的情况。

像是今天产品进货时要多一个检验项目，因此就多设计一张窗体，于是检验人员多了一项作业，为此主管还要多进行一次签核，如果每次遇到变化都是再加上一步骤，这么做的话，冗长的流程、窗体作业，人员时间损失等都随之而来。

制造现场也是如此，多增加一道工序或产量些许提升，就多安排一位人员、多一张工作桌进行生产。

也许你会说："看吧！这又是资方打手，想要苛刻员工所想出来的无良管理方式。"

请先别急着贴标签，请先试着思考一下，从过去到现代社会的演进过程中，哪一项技术的发明或演进不是由于资源的匮乏，让人类通过思考及创意想出新方法、工具、设备等突破难题呢？

看到雕版印刷的旷日废时及缺乏循环利用性，所以宋代的毕昇，15 世纪欧洲的古腾堡，分别发明了活字印刷术。因为传统作坊制造方式的高度技术性及耗时性，所以 20 世纪亨利·福特的流水线方式通过标准化、分工、设备工具的应用，让人类在制造这件事上的能力大幅提高。

如果当初毕昇看到人们需求时只响应："一个雕版不够，不会刻两个吗？"或是亨利·福特只会说："10 个人一天只能打造一辆车，不会聘请一万个工匠吗？"那也许你我如今都还无法以可接受的价格享受到高质量的产品。

减法原则的三个核心问题

日本丰田汽车之所以能够在二战后迅速站起来，并且在天然资源匮乏的环境中找到生路，甚至在 21 世纪初期就跃升为世界第一大车厂，依靠的不只是生产技术、品牌形象、教育训练或是成本管控，背后还有着一套"减法原则"作为他们的精神指标。

也许我们可以问自己三件事：

没有了 ×× 不行吗？

你知道 ×× 的目的是什么吗？

×× 有没有跟其他东西是重复的？

例如我们最常在制造业的装配线询问主管"少了这张作业桌不行吗？""这个检具的作用是什么？""质量划记工作有没有跟其他设备检查项目重复呢？"

然后很容易发现有些工站的存在可能是以前生产其他产品所遗留下来的。例如质量划记，是生产初期不良率高的临时对策，现在已由设备检查而取代，诸如此类的浪费残留在现场，每一天每一回的制造流程中都影响着效率、质量与成本。

服务流程或例如间接单位等事务性质的工作也是如此，特别是公司的报表、单据、签呈上。还记得在2015年台北市市长柯文哲上任初期，就曾指出行政部门的公文签呈流程过于冗长，许多无效的盖章严重影响事件交办及执行效率。

大家说公务体系官僚没效率，但其实许多私人企业亦是如此。采购单位、品管部门、制造现场、营业部、管理部等每天处理数以百计的电子邮件或是书面窗体，通过三大问题也许我们可以重新反省："你知道这个公文呈给营业部的目的是什么吗？""这个公文上采购跟品管签核用印的功能是不是重复了？"相信这么做也能够简化许多流程及排除浪费。

用有限资源创造更大价值

但令人沮丧的是，在两岸不同产业或公司都会看到相同的现象，公司历史越悠久，这种加法思维所造成的浪费越来越多。新进人员虽然是个满腔热血的好奇宝宝，但老员工们只需详加管教几次，新人们也逐渐接受这所谓的"传统""文化"或"经验"。

也正因此，当我们在进行改善时，通过丰田生产方式中的"减法原则"往往在一开始就能够获得不错的成效。

回到文章一开头的故事，当天结束辅导后，我开车在高速公路南下的路上，与日本顾问针对整天的辅导状况进行检讨。

我问道："为什么你知道6个人是可行的？"日本顾问笑着回答我："江君，其实我只肯定7个人没问题，说6个人是希望他们挑战看看。"

他看我握着方向盘若有所思的样子，只好再补充说："如果产量翻倍，人数就跟着翻倍，那不管谁来做都一样。"

"但之所以称为管理者，就是要设法在有限的资源下创造更大的价值。"

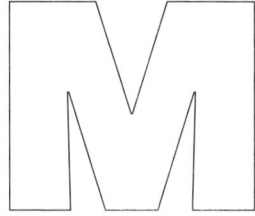

短跑选手不会报平均秒数，
只追求最佳成绩

　　现在你是一位负责公司精实改善项目的主管，针对餐厅收桌作业（清理客人用餐后的桌面）进行改善。

　　首先你要底下三位同仁进行时间观测，针对目前的收桌方式提出数据。结果两天后大家交上来的报告差异颇高，请问你应该以谁的作业方式为基准进行改善呢？先提供三位同仁的数据给大家参考：

　　　　大仁："经理您好，我这边过去十次收桌作业平均耗时
　　　　　　　90秒的时间。"

　　　　鹏哥："我最快可以用60秒的时间完成收桌作业。"

　　　　Scott："Well，我觉得我要用120秒的时间才能做好收
　　　　　　　桌作业，you know。"

　　给大家三秒钟的时间快速选择一下，当然大家答案背后的思考逻辑肯定不同，今天我想要谈谈实际在企业内部常见的状况，这也是提醒各位在推动改善时要注意的陷阱，不一定是个

人问题，多半跟该组织的文化风气相关。

危险的平均数：忽视背后的各种变化

首先我们来看看大仁的答案，这样的数据收集方式是大多数的企业最常使用的做法，大家顿时都知道这是种粉饰太平的话术。

"2018 年第一季台湾地区平均薪资近 1.4 万人民币，对不起是我拉低平均值，但我是跟谁平均啊？"大家议论时政和宏观经济时总是脑袋清晰，怎么回到公司内部在自己工作领域上就马上打自己脸呢？

站在外部顾问的角度，公司如果给我平均数为基底的数据是最危险的信号，这时我总会推一推眼镜，然后用右手食指朝向对方主管大声说出："真相只有一个。"

举例来说，如果食品业告诉我平均完成品库存 45 天，很有可能是淡季 70 天跟旺季 20 天加总而成的。（实际上以台湾地区食品业来说两大旺季分别是中元节前夕及春节前夕。）更不用说仓库里面也会有好卖的、推不动的产品，所以才会有 ABC 库存分类法的发明。

所以当大仁说出收桌作业平均 90 秒的答案时，实际内容可能在顺手时可以仅花 50 秒就完成，但遭遇某些困难时会花到 100 秒以上的时间才能做完，或是他本身就是个"骰子型"工作者，今天的工作效率好坏可能会依昨晚是否睡好、今天天气好坏、隔壁邻居有没有打招呼而决定今天骰到六还是一。

如果是作业的设备、工具、治具等，因为不能稳定使用造成作业时间的偏差，那么我们就可以把改善重点放在硬件上。然而如果是因为作业的手法、技巧造成个体熟练度或领悟度的差异，改善重点就应该是如何重新设定标准作业方式。

低报成绩的小心机：安全心态

接下来先跳过鹏哥来看看 Scott 的答复，相较于其他人的收桌作业成绩，可以比较出他是呈报较慢的成绩。

过去在企业辅导的过程中，这样的回复背后通常有两种原因，一是希望设定安全的护城河，先用相对差的成绩让主管"不期不待没有伤害"，保守的设定是因为害怕各种突发状况的发生。

另外一种则是心机较重的角色设定，就像是你以前求学阶段，班上一定会有那种"考前大喊我都没念书，考后第一个上台领奖"的同学，社会也是学校的延伸，所以企业推动改善时也会有人刻意提供相对较落后的成绩，等到后续公司雷厉风行推动改善时，就会有种"哇！他很努力，进步很多"的错觉。

通常遇到这种状况，其实是最容易被发现的，如果公司默许这种状况多年，那么管理阶层都应该通通拖出来打屁股。

如果管理者常跑现场接地气，那么你就能通过"观察""比较""访谈"等方法了解实际作业情况，破解低报成绩的小心机。

但同时，作为管理者或外部顾问不应该以不留情面的方式对这样的小心机嘲讽，我们应该通过柔性态度安抚对方，使其了解改善活动是为了让整体效率变好，而不是单纯评价个人的表现。另外也要检讨组织对于绩效的考核评鉴方式，势必是现有方式存在漏洞才会让大家钻营。

最佳成绩：追求更进一步的积极

最后我们来看看鹏哥，鹏哥以个人最佳表现作为本次数据的呈报，坦白说这是故事设定才会出现的答案，不能说没有，但通常在现实社会中是相对少见的。

但我们是在企业推动精实管理，如果公司将其深化在每个人的工作思维中，会出现的积极现象。

所谓改善，就是希望每个人都能够朝向"善"字前进，把工作做得更快、质量更好，这就是每天的功课。

最佳成绩的出现，我们当然不希望只是"神之一手"或是福至心灵、万事俱备下的产物，在后续改善过程中可以朝两个方向追求。

精益求精，还是稳定输出

一个是"持续改善，精益求精"，怎么变得更快更好，但经济学说过边际效益递减，其实改善活动也是，从 60 分要考到 80 分可能比较容易，但 80 分要开始一分分进步则就要投入更多资源才有机会。

　　因此另外一个方向则是"**再现性**"，企业投入培训是希望工作者稳定地输出成绩。

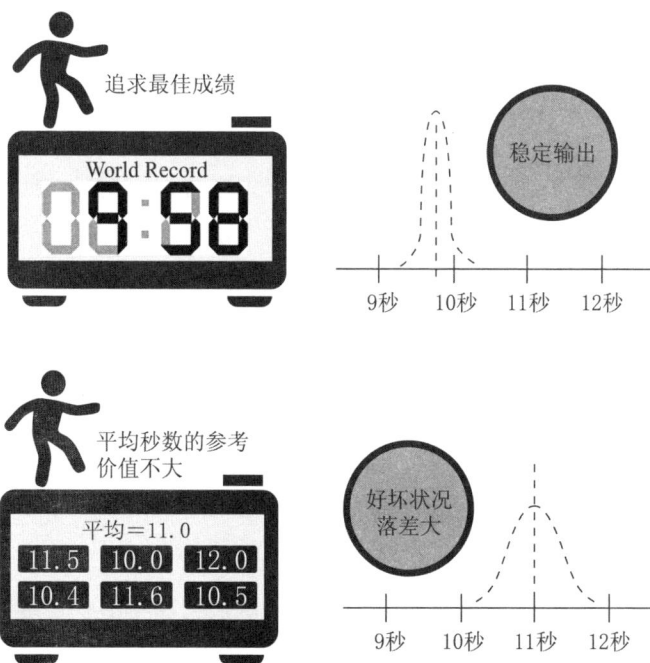

改善从小规模试做，再横向展开

常有许多企业在第一次接触时感到好奇，我们是如何在短短几年内把精实管理推展到各大企业，让企业获得实质的改善效益，获得许多老板们的肯定与推荐的。

因为公司老董总是抱怨："现在年轻人越来越不受教。"接班二代会说："公司老臣守旧势力这么多，力不从心无法着力。"然后主管们难免各据山头先隔岸观火再说。大家总是轻松地把责任推到"人"身上，老实说这种猎巫式的检讨会根本无助于进步。

所以看到我们的成果时，大家都更加想要知道：究竟秘诀在哪儿？

绝对不要一开始就全面展开

中小企业经常遇到"战将型"的老板，如果拿《三国志》

游戏来比喻，大概就是张飞这一型的人物，武力 99、统御 80 而政治 60。简单来说个人能力极强，所以一直以来都是单兵带领其他人突破。

现实生活的写照就是老板对外业务能力极强，堪比叶问一个打十个。对内推动各种技术、管理变革总是身先士卒以身作则，让大家莫敢不从。

当公司规模还小时，这种做法非常有效，可是随着组织规模越来越大，在科层组织内老板发现"无敌原来也是种寂寞"，老班底以外的新人们跟自己越来越不熟，整个公司开始出现各种官僚作为或阳奉阴违的状况，但自己却似乎有点力有未逮。

明明自己有任何想法都讲求速度与激情（执行），对各单位总是一视同仁、同进同出，但怎么左边刚点起的火种却马上被右边的大雨淋湿，营业单位的努力却被制造单位的问题给掩盖？慢慢地大家越来越不想提建议、配合行动，因为最终都是草草结束。为什么会这样呢？

全面展开等于全面抵抗

改变是痛苦的，习惯是幸福的。

人们在组织内对于习以为常的作业、环境就跟野生动物一样有"领域行为"，通过占有一片领域，杜绝同物种或不同物种的侵入。

听到公司最近要推行第五项修炼？"那不就是玩个啤酒游戏，然后叫老师来教我们画圈圈而已，还不是没办法解决我们的问题。"我们制造单位要推 QCC 品管圈活动？"总监是嫌我们还不够忙吗？最近都已经在赶订单了，反正几年前写过的旧资料先拿出来顶一下。"

在组织内如果有人先说出口，那么就跟网民一样带风向，其他人很容易受到影响。毕竟要改变是困难、费力的，既然已经有人先举手放弃，那大伙乐得轻松，大家一起保持原态就好。老板这时就纳闷了，我掏心掏肺，你们却狼心狗肺？却没想过你未经大脑深思熟虑的一个宣示，其实是在跟整个组织宣战啊！而且快速地帮大家塑造一个共同的假想敌，茶水间不愁没有话题了。

小规模试做，寻找突破点

2013 年宅男宅女口中的经典电影《环太平洋》，描述太平洋底下出现了一个突破点，突破点是次元宇宙与地球间的出入口，外星怪兽借突破点入侵地球准备殖民，人类为了解决这些不速之客，各国联合起来制造机甲猎人这个新型兵器，它们的任务就是保护人民以及消灭怪兽。

其实企业在推动任何改变时很适用这种概念，对不起请别误会，我说的不是叫大家去建造机甲猎人或是推动机器人计划，而是学习怪兽的作战原则"寻求突破点"。

这几乎可以说是这几年我们推动精实管理的不传之秘，就是让公司经营团队了解大规模风风火火的

推动变革是死路一条，相对来说"小规模试做"才是活路。

小规模试做在公司内推展时，我个人有三大心法提供给各位参考：

> 1. 挑选改善意愿高的团队（产线、课别）
> 2. 给予明确的改善课题、目标及截止期限
> 3. 过程中持续给予协助并公开进度

在推动改善活动初期"有意愿"比"有能力"来得重要，因为能力摆在眼前却不一定能够为其所用，相对地意愿高就算能力不足，我们能够给予指导、观摩等方式使其成长，并且通过实战经验积累，越挫越勇。

而且小规模试做在组织行为中还有几个可运用之处，在这里也一并与各位分享。

减少抵抗力道

就像是前面所提到的，如果说全面展开等于全面抵抗的话，那么小规模试做就像是寻找突破点，将经营层对于改善所赋予的期望朝抵抗最小的地方前进。

这个时候务必要请主导者放下一蹴可几的美好幻想，你自己减肥都不可能短时间就直接执行严格的饮食热量控制、高强

度的间歇运动，过着苦行僧般的修行生活。

你的意志终将反扑，造成下一波的暴饮暴食（对，没错我就是在说我自己）。

因此通过示范点、示范区域等设定，让抵抗力道在可控制范围内能够在初期达到最好效果。

形成同侪压力

示范线的小规模试做，在经营团队投注资源、关注下，较容易获得初步进展。

这个时候一开始在旁边双手叉腰说风凉话的其他部门或团队，反而就会感受到压力，因为你以为的不可能却化成实际效益。

"可恶！他们怎么这么红？我们怎么办？"通常这种时候经营团队只需要稍加指引开导就能够让过去的旁观者们，表现得比《哈利·波特》电影中上课疯狂举手想回答问题的赫敏还要积极。

因为在"公司重视""已经有人成功"的双重压力下，大家就会风行草偃。

降低犯错成本

通过示范线的"小步快跑，快速试错"，避免公司投入大规模的正规战消耗，小规模试做的战法就像是特种部队一样，通过短小精悍的战力交出迅速明确的战果。

在改善初期时，所有人都还在尝试阶段，因此小错不断是正常的，然而由于一开始就把范围限制在示范线或示范区，失败成本是不高的。

随着经验与熟练度的累积，渐渐地交出改善的绩效，因为从零到一是困难的，但是要从一到一百则相对简单。

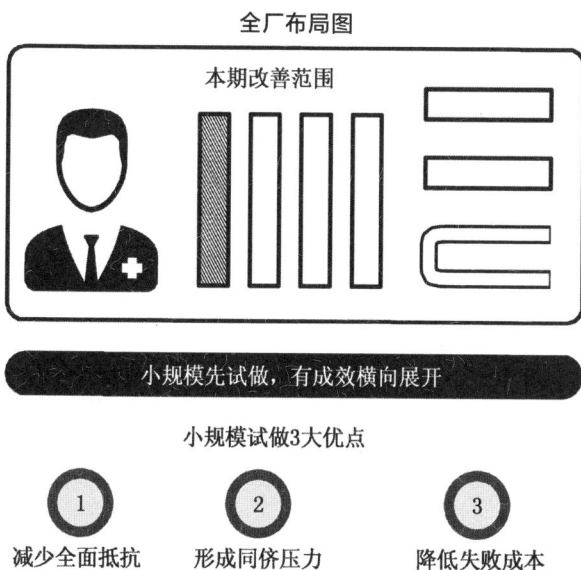

全厂布局图

本期改善范围

小规模先试做，有成效横向展开

小规模试做3大优点

① 减少全面抵抗　　② 形成同侪压力　　③ 降低失败成本

"江湖一点诀，说破不值钱。"今天就跟大家分享在企业组织内部推动改变时的具体做法："小规模试做"及"横向展开"。

这并非纸上谈兵的理论而已，而是过去在企业界有着卓越实绩的推动方式，还请大家好好带回自己团队或公司应用。

4-5

M

觉得部下当伸手族？
是你不懂问问题，只会给答案

　　某日在辅导过程中与台湾地区汽车零组件厂的高层午间餐叙，席间我随口一问："最近公司有没有遇到什么难题？生产或管理上？"这位五十多岁的高层经理人眉头紧锁叹了口气说道："最近啊，我们这几个协理一天到晚被副总找去开会，哎！其实公司最近面临着传承的问题……"

　　这下子我就好奇了，就接触过接近上百家的台湾地区传统制造业来看，这家公司为因应两岸汽车供应链布局，这些年来在中层主管的质与量上，相较于其他业者已经非常有竞争力，但为何公司还有这疑虑呢？

　　原来公司高层认为现阶段经理级以上均面临五年内的退休潮，而各部门间的主管要么没有意愿继续待在公司，要么是现阶段能力尚未受到肯定，以至于公司不得不正视人才断层的问题。

　　我常在许多公司看到这种状况，总经理今天要求制造现场要杜绝浪费，然后现场主管说自己学过一点精实管理，知道什么叫"七大浪费"。于是主管认真地发现原来自己所负责的产线都存在着"动作的浪费"，于是就立刻教导员工如何把多余的动作取消，生产线效率加快，结果反而出现"多做的浪费"。

总经理看到马上叫现场主管过来骂："怎么这么多库存？不是说库存太多不好吗？这叫什么改善？"接着现场主管就马上要求生产线的作业员："不要做这么快！"

但由于生产线的物料摆法、布局位置已经改变，员工为了不做这么快反而变成"等待的浪费"。现场主管又挨了总经理一顿骂，最后干脆要求现场作业员慢慢做。绕了一大圈之后，所有情况依旧回到原点。

改善，应该是部下的任务

然而相同的案例如果放在推动精实管理的企业会呈现什么样的状况呢？

当现场主管发现制造现场有动作浪费存在时，不要直接给答案！

因为你的答案扼杀了部下自主思考的能力，你需要的是任务的增加（因为已经知道现场效率能够提升）及多一点耐心，通过工作量的增加让现场员工产生改善的需求。

等待现场员工自行解决课题的同时，也试着将改善目标目视化，并且给予明确且适当的时间期限进行改善。

主管一方面掌握现场的进度，同时每当有进度突破或是新方法产生时也不吝给予现场员工鼓舞奖励。当改善目标达成时，原本所发现的动作浪费不仅转变成有附加价值的动作，同时也借机培养了一群能够自行发现问题并且解决问题的改善人才。

《韩非子·八经》中的一句话很适合作为许多企业面临人才断层时的参考坐标："下君尽己之能，中君尽人之力，上君尽人之智。"

这几年不管是在中国台湾还是大陆，总是听到许多企业老板在喊："没有人才、接班人在哪儿、管理层有断层。"通过外部顾问来达到改善，效果往往只是一时的，如何稳定并且持续地在组织内培育精实管理的人才，我相信这是更多公司经营层所面临的迫切需求。

就如同本文一开始所提到的这家企业，因为他们的副总经理过去三十多年来对于台湾地区各大汽车中心厂在质量、产能、交期上的要求条件均十分熟稔，因此常见的状况就是每当公司某部门遇到问题时，副总往往在第一时间就能与现场第一线的组长取得联系，掌握问题现状后立刻指示解决方案，以非常有效率的方式对应。但问题就出现在这里！

组织结构既然存在部门主管、经理的层级，中层主管却不能够清楚掌握问题并自行对策，长久下来就造成中层主管权责的萎缩。

重视真正的事后检讨

老板忙着灭火、课长茫然挨骂、基层对应累死，见招拆招的战将型老板并无法让身旁部下拥有太多经验，因为养分是需要时间与耐心去浇注的，问题对应解决的过程上面可以给予意见回馈，但避免下指导棋（部属一个口令一个动作）。

更重要的是事后的检讨，不应让事情处理后都像是船过水无痕，相反可以试着去讨论："阿荣，我觉得你在昨天这个零件质量异况的处理上如果可以……你觉得会不会更好？"或是"小陈，我想听听你作为制造课长对于这批新模具的开发有什么看法？"因为这些中层主管对于所管辖的职场一定都有想法，只是端看经营层如何运用罢了。

其实不光是经营层之于管理者的关系，同理可证作为管理者带领团队时也会有相同的情况。如果你是篮球之神迈克尔·乔丹，驰骋球场无往不利，然后在担任球团老板时却看着旗下球员恨铁不成钢，甚至还在不惑之年重披战袍复出上阵。当你拖着老命跟时间赛跑、跟自己意志力拼搏，希望带给其他队友示范作用时，却发现大家在场上都是呆呆看着你表演或是等着你下指令，你才会感受到那种无力感会有多深。

但问题不在大家，在于你的控制欲及你证明答案的能力，因为你一球在手、分数到手，队友自然乐得轻松。

我在获选《经理人月刊》"百大 MVP 经理人"后，回到办公室的第一个工作日就感谢我的团队伙伴，因为没有大家的独立作业能力，是无法成就这个小组织在产业界创造这么多辉煌的战绩。

下次，当你怒火中烧并再一次觉得为什么部下又把问题丢上来给你时，请大口深呼吸两口后，带着微笑回复："这次，你觉得呢？"只要你愿意把你心中的答案在吐出来前吞回肚子里，假以时日你会发现其实每个人都期望被依赖、被肯定及被鼓励的。

人的成长，是需要机会及时间来换；但人的惰性，也是你的回复宠坏的。

M

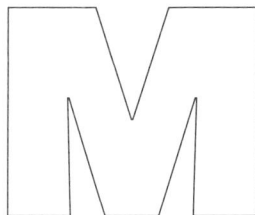

虎父无犬子？
管理团队也要舍得放手

如果你作为制造单位的组长，因为推动精实管理改善，某条产线因为效率提升，原本七个人的编制改为六人即可。顾问征询你的意见，希望从这条线要人，说是要交付这个人备料员（负责五条产线物料供给及成品搬运）的新工作，你会怎么选择呢？

预选名单如下：

> 阿华：存在度低的"肥宅"，工作中规中矩。
>
> 小芬姐：早餐店阿姨风格的亲切，但工作速度明显跟不上他人。
>
> 快哥：阳光硬汉，全厂皆知的效率一哥，负责整条产线的产值。

给你十秒钟的时间决定，不晓得你的答案会是谁呢？选择阿华？就如同他的工作风格一样中规中矩，不算对却好像也没有错。

那如果选择小芬姐呢？现实很残酷，工作速度过慢会影响团队进度，借此机会将其踢出，虽然人情冷暖，但站在你的位置却也无奈。

那……快哥会是你的答案吗？

"你疯了吗？我把底下最强的战将交出来？还要不要绩效？"

舍得放手，带来更大效益

相信我，我听到了你内心的怒吼。过去近十年来，上述的考题我至少出过百次给台湾各大企业作答，大家的选择跟反应其实都大同小异。

不过在我说明背后原理原则之前，让我们先来看看日本职棒火腿斗士队的故事吧！日本火腿斗士队位处北海道，打从创队开始就不是豪门球队，无法像东京读卖巨人或是福冈软银鹰一样利用雄厚财力挖角或吸引他队优秀球员。

所以日本火腿斗士从创队开始就是以培养自家年轻球员为经营主轴。

然而他们是如何能够从 2006 年开始 10 年内五次拿下太平洋联盟冠军，更在 2006 年及 2016 年一举夺得日本大赛优胜的呢？

答案在于他们培育人才方面"舍得放手"的能力。

要先打个预防针，用"虎父无犬子"作为标题并非把管理团队带向"家天下"的感觉，是因为作为经营层或管理者，如果要组建一只长期优秀的团队，背后的思维想法跟亲子教养是极为相似的。

请注意我特别在优秀团队的前面加上"长期"两字，就是要告诉大家，成功或优秀说难有时还真不一定，你以为自己是："金鳞岂是池中物，一遇风云便化龙。"但是站在风口上就成了会飞的"猪"。

但要能够长期稳定的成功或优秀，除了外部环境因素外，内部管理因素的占比就更显重要。

让我们回头看看日本火腿斗士队的例子，2004 年底选择达比修有（日本两次年度 MVP 及泽村赏得主），2005 年底选择台湾地区选手阳岱钢（盗垒王与金手套奖常客），2012 年底选择大谷翔平（防御率王及最佳指定打击的投打双修"二刀流"选手），这些看似球队基石的明星球员，在取得入札资格或成为 FA 球员后，球队也不刻意挽留。

球队经营主轴"年轻球员优先"的贯彻度可见一番。但也正因为日本火腿斗士队从来不害怕阵中强将的离开，也因此不论是在球员的新陈代谢，还是相互竞争上，相较其他球团都来得健康且快速。正因如此才能在过去十年内，成为季后赛常客的一支劲旅。

企业组织内部的人事异动，例如新进人员、离职问题、轮调制度等都算常见，但作为主管都会想把厉害的下属留在身边，毕竟"强将之下无弱兵"，即便自己可能不是强将，有个厉害的下属也能够安心一点。

那究竟为什么在丰田集团或是推动精实管理的企业反而都会倾向做出相反的决定："把最强的往外送"呢？基于以下三大重点，舍得放手将会带来更大的效益。

内部角度：让后面的人有出头机会

站在积极的角度，其实每个人都有担当责任的能力。只是在组织内部往往因为没有表现机会而容易被掩盖。

如果能通过改善活动，主动创造人事调动的机会，把最强的那一位抽走，作为管理者你能够评鉴第二名、第三名是否足以担此大任。如果始终把最强者留在身边，其他人将永无翻身之日。

外部角度：站在更高视野，做更有效之事

作为管理者，资源分配是一大课题。将低效员工放在重要位置是种低级错误，我想这个众人皆知。

但如果将高效员工放在简单职务上，对组织而言更是一种机会成本的浪费。

以文章一开头的案例来说，快哥如果可以抽出来担任备料员，这个工作是每日针对五条产线各工站的物料配送供给、成品入库做即时的管理，是需要头脑清楚且手脚利落的条件才能做好，为此他需要熟知各条产线的物料库位、成品库位、生产排程先后顺序等。

如果能够将他从一条产线的责任，转变为辅佐五条产线的

效益，那更是从单点改为面的效益。

个人角度：证明自己的选择、能力

作为管理者，做好接班人规划这件事在台湾地区其实相对少见，但如果我们能够先做好这件事情，其实也是为自己后续晋升或轮调做好准备。

因此如果能够将自己最厉害的下属推出来接受挑战，站在自己的角度就是向公司证明自己的选择无误，也让公司认识到你具备"人才培育"的重要能力。

不论是丰田生产方式还是所谓的精实管理并非只是种工具手法，丰田汽车的元町工厂内悬挂的一幅标语"造物前，先造人"就是明证。

能够创造方法、建立系统、执行工作的都是"人"。而长期优秀团队靠的就是世代交替的过程中，管理者具备将底下最强者向外送的勇气。

4-7

M

适应低强度疲惫后，
无法成就高强度团队

大约从 2017 年底开始，我踏入健身领域，一开始的目的是希望自己的体态能够更精实一点，总不好一位从事精实管理领域的顾问，带着痴肥的体态出现在客户面前，这种落差听起来就是件矛盾的事情。

不过在我跟专业教练学习互动的过程中，发现其实自己的身体就是一个企业组织，如何在肌力训练（因应变化）跟能量系统训练（稳定表现）两者间取得平衡，是件很有意思且需要刻意练习的事情。

简单来说，如果你的目标是想从骨瘦如柴变成馆长身材，那么肌力训练绝对是必要的（馆长表示：快去深蹲）。于是你伏地挺身 100 次、仰卧起坐 100 次、深蹲 100 次，还有 10 公里长跑，天天坚持却没有变成一拳超人，也没变成体育台节目中的"世界最强壮男人"。几个月过去却一点进展都没有，到底是什么问题呢？

因为你只是陷在低强度疲惫的陷阱中，身体觉得累，但并不会转化成肌力。身体的适应能力其实很强，所以你需要适时调整运动的强度，通过高强度来刺激最大肌力的改变。

你说这跟企业组织有什么关系呢？"少量多样"这个在两岸企业出现频率堪比"工业 4.0"的词汇，就是在电子产品、汽车、快消品产业（指使用寿命短且消费速度快的产品，例如个人清洁用品、食品等），各家厂商为了抢夺市场大饼，无不积极推出各种新特点、口味、颜色等，务求一网打尽形形色色的需求类型。

举一个近来最明显的例子，大家是否注意到，台湾地区从 2018 年开始几乎每个月多家知名食品厂商都会配合各大渠道（7-11、全家、全联、好市多等）推出"期间限定商品"。

对于消费者来说，我这个月可以幸福地吃到草莓口味的 77 乳加、下个月世界杯足球赛时有咸酥鸡口味可乐果陪我熬夜，当然很开心，而且一定要拍照打卡上传 IG 或脸书，这样底下才会有朋友问："这在哪里买的？好酷我也买。"满足虚荣心跟骄傲感。但对于许多食品业者来说，这可是项大工程！

如何稳定又因应变化？

以前我们贩卖单一产品就能打遍市场无敌手，但现在各种联名（77 新贵派花生巧克力牛乳）、混装（万岁牌薯丁坚果综合包）产品的出现，导致公司如果无法控管好生产批量、排程时间、产线切换速度，那光是库存空间、资金流停滞等损失，就足以吃掉原本所剩无几的利润。

所以我看到许多公司表面的风光，推出一支又一支的热销话题产品，但是烟花绽放的绚烂后，自己要含着眼泪收拾的是满山满谷的滞销库存。找机会卖了？这些可都是跟渠道商有合约限制的独家贩卖品。放着？基本上跟把钱丢到水里没啥两样。

而这些年看下来，能够做到面子、里子双收的企业多半就是低头苦干，把"快速换模换线"给做好的公司，但这并非过去大家习以为常的做法，而是为了因应市场变化而刻意改变的结果。

你说这简单吗？听起来并不困难，就好像我们在学校看哈佛商业个案，或是在超市翻阅《商业周刊》《今周刊》时会写到的企业转型故事一样。小时候不懂事的我，在就读商学院听教授上课谈到时总觉得这又没什么，等到进入社会，甚至自己参与各家企业的改善案时，才深切体悟这有多不容易。

人真的是善于习惯的动物，所以在丰田集团内部人才训练中特别强调"课题挑战"与"问题解决"的双轨并行。

问题解决：稳定表现

所谓的问题解决，就是你过去达到 80 分的表现水平，也许是营业额、成本或库存天数、投诉件数等指标，但因为环境、人员、供应商、设备等的改变，造成退步的情况，所以分数可能落到只剩下 70 分。

因此我们需要像是打地鼠一样，频繁解决各种问题，把成绩重新拉回原有的表现。

这些问题不一定需要花费长时间、跨部门或多人参与，有时只需要一位部门主管 3 分钟时间就能解决一个问题，但他一整天可能有超过 50 件类似的小问题需要去解决，这并不会增加部门主管面对多元问题的快速因应能力，反而会让部门主管觉得弹性疲乏，因为都是老问题在纠结，更需要有人来处理。

课题挑战：因应变化

而课题挑战是一种主动迎战的态度，我们过去达到 80 分的表现，虽然眼前的 80 分可能已经在市场上占有一席之地，但为了接下来的存续挑战、竞争态势的增强，有必要先行挑战 90 分的水平。

为此我们必须要列出 90 分的具体样貌，然后检视现阶段跟它的差距，定出明确的时间及施行对策。

80 分跟 90 分之间的差距，有别于问题解决型，它需要耗费更多时间、跨部门的合作及投注大量思考讨论才有机会达标。

但这些就像是高强度的肌力训练一样，摆脱原有的习惯，避免低强度的疲累。

在企业组织里面，多数人都会选择面对"问题解决型"的题目，因为相对熟悉、简单、即刻见效，就如同健身时，习惯练习自己熟悉的重量，然后一小时过去觉得自己流汗了就好。

之所以很难让自己刻意去挑战新的重量，因为会害怕失败丢脸、害怕受伤，所以一个好的教练就显得非常重要。企业里要让团队能够面对"课题挑战型"的问题，需要经营层跟管理团队做好以下这几件事：

让每个人知道，我们要挑战的目标在哪里？

现状跟目标间的具体差距有多少？

我们预计花多少时间挑战它？

手上有哪些资源跟工具能够投入？

如果我们不熟悉，可以向谁请教？

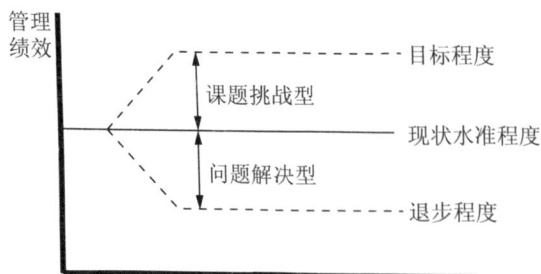

管理
绩效

课题挑战型

问题解决型

------- 目标程度

现状水准程度

------- 退步程度

问题解决与课题挑战，两者兼具才是一家成熟稳健的企业应该去刻意练习的目标，加油！

4-8

M

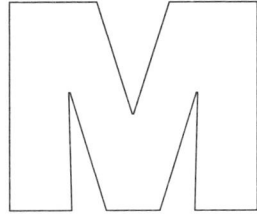

"大速"法则：
没有完美，你只能看情况而定

★警告：本文内含企业实际运营观点，与市面上管理类相关书籍观点有所出入★

情境1：

"顾问，我们究竟要怎么做才能够让这条少量多样的产线，摆出最好的布局呢？"位于上海的汽车座椅滑槽厂，领导们聚集在一起围着大图输出的布局问。

情境2：

"老师，书上说物料零件要物有定位，但我们家光是印刷用的制版版件就有超过两万种，可是仓库料架就这么大，我们要怎么才能摆进去呢？"在桃园中坜的软性包材制造厂，改善团队们在会议室中提出困惑他们许久的问题。

情境3：

"老师，大家都说丰田生产方式追求零库存。但是2011年日本本州岛海域大地震及后续引发的海啸让丰田供应链的电子零件厂无法运作，造成日本丰田汽车停产十四天。像这样的状况追求零库存真的比较好吗？"在木栅的政大商学院教室中，企研所研二学生正在课堂上举手提出疑问。

情境 4：

"对于你们来说，分析产品不良发生原因时，可能包含零件精度不良、涂装瑕疵、欠品、误组装等，那么你们究竟是怎么去选定解决对象呢？"台中精密机械园区某上市公司的训练教室中，我对台下 30 位接受晋升训练的基层主管们抛出这个问题，请大家分组讨论后回答。

其实上面这几个真实情境案例背后隐含的都是相同的脉络，怎么在面对多元多变的环境中找出一体适用的最佳解？于是企业找顾问、上课、办读书会，就是希望从各种管理理论中找到答案，因为不管新创公司追求生存、成熟公司渴望成长，大家总有许多想要的方向，但可以肯定的是大家都不想要失败，所以就会想找出完美的答案。

但，今天就是要来打破大家不切实际的幻想。

完美并不可得，我们应该要追求的反而是"取舍""聚焦""妥协""将就"底下的最适解。

我精挑细选过去十年内被询问频率最高的几个状况及解答，提供给读者们参考，如果你的公司或团队有相同困扰的话，或许这些解答能够提供给你帮助。

设备物流动线：主力产品

不同于以往，不管你今天是做车子、锅子还是螺丝起子，"少量多样"四个字都能够在会议中听到。同一条产线可能要负责四种型号，而且所需设备又不尽相同，究竟要怎么安排生产模式呢？

如果今天产线有 A、B、C 三种产品，顾问提案只会让 A 产品增效，但 B、C 两个产品却会产生更多浪费，你会做吗？这边的解题原则在于"少量多样中会有主力产品存在"，我们要做的就是让量大的东西更有效率，为此甚至有可能牺牲少量产品。

举例来说如果今天产线生产 A、B、C 三种产品，A 每天生产 3 000 个、B 每天生产 1 500 个、C 每天生产 500 个。如果我们把所有设备动线依 A 产品为基准设置，让 A 生产时单件工时可以减 10 秒，但 B 产品却会多耗 3 秒而 C 产品甚至会耗损 20 秒，这样对整条产线来说仍会有 15 500 秒（约 4.3 小时）的生产效率提升。

所以不要只单看谁好谁坏，而是整体来看有无好处。

产品放置定位：对号座与自由座

库存几乎是每家企业的痛，都知道要整理、整顿，也都懂定位、定容、定量，但是茫茫料海可能因为场地不足、料架不够、箱子太少，或是整理起来旷日费时，而迟迟无法达到应有的效果。

关于产品的放置定位，其实可以参考高铁及便利超市的年节礼盒摆放方式。

一个高铁的重度使用者，高铁某些营运概念也可以让一般企业参考，特别是车厢安排上。台湾地区的高铁挂载十二节车厢，通常一到九号车厢会是对号座，而十到十二号车厢则是自由座。如此一来我让大部分买票的旅客每个人都拥有属于自己的专属位置，但也保留部分弹性给价格敏感或临时购票者。

产品放置定位，做到固定储位，对企业来说是极为困难的，但对于需求频率低、测试件、客供料等杂项，并非长期且稳定的存在，那么就学学小七（便利店）里面逢年过节礼盒的摆法吧！

一年四季都会贩卖的商品，你可以闭着眼睛都能知道大约会摆在哪里，例如饼干的位置、杂志的位置、微波食品的地点等，然而过年时的蛋卷礼盒、洋酒、海苔礼盒等则会在店门口铺上红布不论厂商、品牌通通放在一区集中管理，这同样也是种取舍之下的最佳解。

安全库存设定：正常与异常

"未雨绸缪"本是人之常情，但库存对于企业经营来说就是种资金的积压。

如果是因为前后工序加工能力的差异、供货商供料频率及最小批量的要求、客户拉货的频率等所必要的库存倒还理所当然。但是通常在企业中更多的是因为自身过往经验所设定的"超安全库存"，例如曾经因设备故障、厂商供料延迟等，进而产生"我多放点库存在身上比较安心"的想法。

在 2011 年东日本海啸后，大家不禁质疑库存持有水位过度，那么遇到"黑天鹅事件"时风险是否提高的问题。我也曾就此问题询问过日本丰田集团的高层经理人，在没有事前套好招的情况下，他们的回复都十分相似。那就是 2011 年 3 月 11 日日本本州岛海域地震可能是千年一遇的情况，如果要为此建立安全库存，那么要多久时间才能用上？又应该设多少的量才足够呢？

难道因为担心那个概率很低的事件，而要让每天的生产都产生负担吗？这就像是我们为了害怕出门被陨石砸到头，难道会每天戴着安全帽才愿意出门吗？听起来好像很夸张、很荒谬，但其实真的有许多企业是这样的思维。

质量原因解决：金额占比高或发生件数多

公司每天遇到大大小小的问题，作为管理者"处理异常"确实是工作中无法避免的一部分。然后公司资源有限，我们自己也时间有限，要怎么有意识地"选择性"面对，就成了评价管理能力优劣的关键。

在这边的因应方式跟设备物流动线要以主力产品为主的观念相同，选择题目花时间解决时，我们就要挑选例如不良损失金额占比高的，又或是整体客户投诉件数中最多的。因为我们必须在短时间内解决公司在意的指标内最显眼的那一个！

例如以工具机业来说，如果能够节省一组昂贵的控制器，可能比节省一台三吨半卡车的 M6 螺丝都来的有用。

最后，其实在变动快速的环境中，我们很难找到所谓的完美解，因为完美并不可得，我们只能设法趋近它。

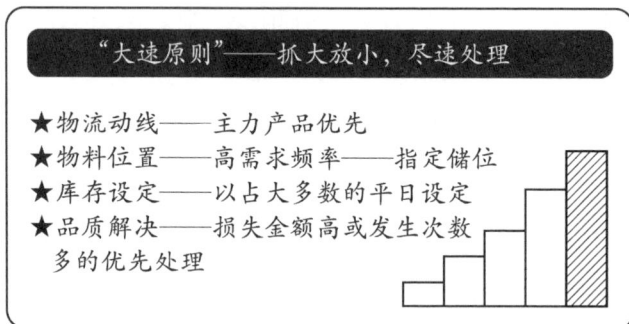

"大速原则"——抓大放小，尽速处理

★ 物流动线——主力产品优先
★ 物料位置——高需求频率——指定储位
★ 库存设定——以占大多数的平日设定
★ 品质解决——损失金额高或发生次数
　　多的优先处理

"大速"法则中的"大"就是在短时间内找到相对重要的问题、相对合理的设定、相对多的生产需求。

就如同"大"这个形容词一样，它是通过比较而来的，没有比较基准就显现不出差异。我们能做的就是聚焦在相对大的议题上，再来就是"快"。不要再有太多的选择障碍，不要流于讨论开会，行动才能实践真理。加油！